Maria von Welser

Sehr frei aber auch viel allein

Maria von Welser

Sehr frei aber auch viel allein

Geschichten aus der Kindheit der Maria Schüssel,
ihrer Eltern Schüssel und Großeltern Schüssel/Wilke

Inhalt

Behütet mit Maschka in Schwabing

Es ist ihre dritte Geburt und sie geht am schnellsten: ein Mädchen, um 8 Uhr 10, nicht zu klein, nicht zu schwer, gerade recht. Die Mutter, immerhin auch schon 36 Jahre alt, hatte sich zu einer Hausgeburt entschieden. Das war sicherer und unkomplizierter als in einem der zerstörten Krankenhäuser in München. Denn mit 36 Jahren war man damals ja schon eine „Spätgebärende". Es ist der 26. Juni 1946, das Kriegsende gerade mal 13 Monate vorbei. Ihre Zwillinge vor zwölf Jahren dauerten fast zwei Tage bis sie auf der Welt waren, der Junge ein Jahr später starb kurz nach der Geburt. Jetzt also: alles gut. Der befreundete Arzt hatte das benachbarte Ehebett vom Lattenrost und den dreiteiligen Matratzen befreit, damit er jederzeit und von allen Seiten der Mutter zu Seite stehen konnte. War aber gar nicht nötig. Die Kleine trank sofort und die Mutter konnte glücklich und entspannt am Nachmittag bereits mit ihrem Ehemann im Wohnzimmer Tee trinken.
Denn ab jetzt kümmerte sich die Kinderschwester Maschka aus Böhmen um das Baby.
Ein Wunschkind, ja sogar ein erkämpftes Kind. Denn der 42jährige Vater wollte weder heiraten geschweige denn Kinder in diese Welt setzen. Später wird er sie lachend alle als „halslose Monster" bezeichnen. Sechs Mal überredete er die Mutter während ihrer siebenjährigen Beziehung zu einer Abtreibung. Erst das siebte Kind, das gerade geborene, konnte und wollte sie unbedingt behalten: „Egal, Du musst mich nicht heiraten, ich habe einen

Beruf, kann mich selbst ernähren, aber dieses Kind bekomme ich." Wie immer, wenn die beiden Meinungsverschiedenheiten hatten, schwieg der Vater und wandte sich ab. Mehrere Tage.

Aber der Arzt, der die Abtreibungen alle vorgenommen hatte, brachte dann auch das Baby zur Welt und später sollten ihn die Eltern mit dem kleinen Mädchen auf dem Land bei Ebersberg besuchen. Man war ja schließlich befreundet. In guten wie in schwierigen Zeiten.

Die Mutter, nennen wir sie Margarete, arbeitete als Modejournalistin für Fachzeitschriften, besaß einen kleinen schwarzen VW-Käfer mit geteilter Rückscheibe und eine großzügige Wohnung in München-Schwabing. Da wohnte jetzt auch der „Kindsvater" Eduard. Zwangsweise. Inhaftiert von den amerikanischen Besatzungsmächten. Weil er als japanischer Konsul einst im Konsulat in der Münchner Schackstraße auf der feindlichen anderen Seite dieses Zweiten Weltkrieges stand, auf der Seite Hitlers. Außerdem als Leutnant bei der Luftwaffe an Flak-Abwehrgeschützen in den letzten Kriegsjahren im Einsatz war. Da gibt es in der Chronik der Großmutter Portraitaufnahmen von einem sehr schmalen, ernsten Soldaten in Luftwaffenuniform. Übrigens war auch sein Vater -mit dem gleichen Vornamen Eduard Max (genannt der Bär) – schon kaiserlich japanischer Konsul gewesen.

Die jetzt ihn bewachenden US-Soldanten freundeten sich schnell mit ihrem „Häftling" an. Der als junger Mann in New York im Kaufhaus Wertheim an der Lexington Avenue zwei Jahre praktiziert und gearbeitet hatte und darum fließend „amerikanisch" sprach. Dann erlebten die Soldaten zudem das neugeborene Baby, versorgten es mit „chocolate for the baby, and some bananas …"- das alles sorgte für gute Stimmung rund um den inhaftieren Konsul. Dazu erreichten die ersten Care-Pakete aus den USA die hungernden und frierenden Menschen in der Stadt. Die US-Soldaten spendeten freiwillig Süßigkeiten und Spielzeug für die Kinder. In diesem zweiten Sommer nach Kriegsende schien es überall wieder aufwärts zu gehen, es gab Hoffnung nach diesem schrecklichen Krieg.

Den deutschen Lizenzzeitungen in der US-Besatzungszone wird von der Militärregierung die direkte Übernahme von Agenturmeldungen aus den USA gestattet. Damit beginnt auch der Aufstieg der Presse und der Information. Dass diese Maria, die an diesem Tag in München geboren wird, später ihr ganzes Leben in den Medien verbringen wird, kann nur ein Zufall sein.

Das Geschäftshaus des inhaftierten Konsuls in der Kaufingerstraße war, wie fast die ganze Stadt, völlig zerbombt. Ehemals ein renommiertes Kaufhaus für Porzellan, Glas, Küchengeräte und den gesamten Hotel-Bedarf. Königlich-Bayerischer Hoflieferant durfte man sich nennen. Immerhin seit 1857 im Besitz der Familie. Und jetzt alles in Trümmern. Genauso wie 12 181 andere Gebäude und fast 77 000 Wohnungen in der Münchner Innenstadt. Die Frauen und Kinder werden von der Stadtverwaltung aufgefordert sich freiwillig an der Beseitigung des Schutts zu beteiligen. Alle packen an. Die Männer fehlen, denn die gesamte männliche Bevölkerung

Deutschlands stand am Ende des Zweiten Weltkriegs unter Waffen und befindet sich jetzt in den Kriegsgefangenenlagern der Alliierten. Wer allerdings Arbeit hatte, wie die Mutter der Kleinen, war befreit.

Unabhängig von den wirtschaftlichen Sorgen des Vaters um den Aufbau der Schüssel-Passage und der Wiederherstellung der wirtschaftlichen Basis wuchs das Mädchen, es wurde Maria Margarete getauft, zufrieden und glücklich auf. Seine böhmische Maschka geriet zur Ersatz-Mutter. Denn die richtige Mami verdiente das Geld. Jeden Abend schnitt Maschka dicke Knoblauchknollen in kleinste Scheiben. Die Kleine holte sich die mit einem Marinerollgriff ihrer Händchen vom Tisch, um sie ganz schnell in den kleinen Mund zu schieben. Ihre heimkommenden Eltern wandten sich dann immer mit Grausen: „Puh, Du stinkst ja fürchterlich nach Knoblauch!" Da gab es dann kein Bussi, keine Umarmung, aber Maschka verteidigte sich stolz: „So wird mein Babbelchen nicht krank, wenn Sie beide immer von draußen kommen und womöglich Infektionen mitbringen." Von Corona hatte damals keiner auch nur irgendeine Ahnung.
Inzwischen war der Vater wieder freigelassen worden, aber nicht entnazifiziert. Er ist laut einem Ausweis der NSDAP bereits 1933 diesem Verein beigetreten. Kann also als Nazi der ersten Stunde gelten: 1933 Machtergreifung Hitlers. Das wird die Tochter erst Jahre später in den Unterlagen des Vaters entdecken. Geredet wurde in der Familie darüber nie.

Aber wieder zurück in das Jahr 1947. Der Vater durfte jetzt in eine kleine Holzbaracke auf dem Gelände der zerbombten Schüssel-Passage einziehen. Sein Büro. Zusammen mit dem ehemaligen Geschäftsführer, der treuen Buchhalterin und dem Fahrer. Das Kind in Schwabing besaß für die heißen Sommerwochen eine Zinkwanne, fast so groß wie der kleine Balkon vor ihrem Zimmer. Glücklich im Wasser plantschend, guckte sie gespannt auf die Straße, wann denn der kleine schwarze Käfer anrollte. Die Mutter aber kam oft spät. Sie war in Sachen Mode unterwegs, wurde schon früh angefragt, ob sie, die gelernte Schneider-Gesellin, auch so über Mode schreiben könne, wie sie am Mikrofon reden würde. So wurde sie Mode-Fachjournalistin für Bayern und die Schweiz bei dem Berliner Textil-Report. Das kleine schwarze Auto kam immer seltener in Schwabing angefahren. Die Kleine aber hatte ihre Maschka.
Die wiederum seit dem Ende des Krieges verzweifelt ihren verschollenen Sohn aus dem alten Schlesien suchte. Sie sollte ihn Jahre später tatsächlich in die Arme schließen können.

Die hübschen Zwillingsschwestern Hannelore und Annette

In den Fotoalben des kleinen Mädchens gibt es Bilder von ihrer Mami mit zwei hübschen großen Mädchen im Botanischen Garten: die Zwillinge Annette und Hannelore. 14 Jahre alt, mit schulterlangen Haaren, völlig gleich angezogen, Zwillinge eben. Die lebten allerdings nicht bei ihrer

Mutter in Schwabing, sondern auf einem malerischen Bauernhof hoch über dem Tegernsee bei der Großmutter. Erst drei Jahre später wird Hannelore für einige Monate in Schwabing in die große Wohnung bei ihrer Mutter einziehen, dort in die Walddorf-Schule gehen und der kleinen Schwester Zettelchen unter der Türe durchschieben. Denn aus lauter Angst vor Ansteckung durfte das Schulmädchen nicht in ihr Zimmer, geschweige denn mit der Kleinen spielen. Maria aber fand die Zettel-Spiele sehr lustig und vermisste nichts.

Gerade mal drei Jahre alt, schickte sie ihre Mutter zu Susi Böhm in den Ballett-Unterricht. Da gab es dann Faschingsfeste, für die ein Unterrock der Mutter zu einem Prinzessinnen-Kleid umgearbeitet wurde. Das goldene Krönchen saß schief auf dem Kopf, die Miene alles andere als begeistert. Maria hatte es wohl nicht so mit Verkleidung und Partys. Die Eltern meldeten sie dann auch bald in der Ballett-Schule ab. Später erzählte man ihr, sie sei angeblich nur noch auf Zehenspitzen durch die Wohnung getanzt. Die Mutter, inzwischen viel beschäftigt mit der Organisation und der Ansage von Modeschauen, spannte ihre kleine Tochter immer wieder auf Kinder-Modeschauen ein. Aus dieser Zeit gibt es ein Foto, wo dem Kind nach einem Radio-Interview für den Bayerischen Rundfunk der Reporter dem kleinen Mädchen einen fetten Kuss auf die Lippen drückte … wäre heute alles andere als erlaubt und würde sich kein Reporter mehr trauen. MeToo …

Aus dieser Zeit gibt es noch andere schöne schwarz-weiße Fotos. Aufgenommen vom damaligen Star-Fotografen Edi Sohler, einem Uralt-Freund des

Vaters. Die kleine Maria schaut meist sehr ernst, die glatten, dunkelbraunen Haare mit einem Seitenscheitel ordentlich gekämmt. Vor ihrem weißen Stühlchen ihr Lieblingsbär. Den sie auch später auf's Land mitnehmen wird. Das einzige Erinnerungsstück aus ihren ersten fünf Kinderjahren mit Maschka in Schwabing.

Die neue Schüssel-Passage entsteht in fünf Monaten

Der Vater zog in Rekordzeit – so wird es später heißen- das zerstörte Büro-und Geschäftshaus zwischen der Kaufingerstraße und der Fürstenfelderstraße hoch. In nur fünf Monaten. Mit dem Geld der Bayerischen Hypotheken- und-Wechselbank. Vorher hatten er und die Mutter noch geheiratet. Am 16. Dezember 1946, ein halbes Jahr nach der Geburt des Kindes. Damals erweisen auch der Oberbürgermeister Thomas Wimmer und die Großmutter der Zwillinge, Angelina, dem Paar im Hotel Vier Jahreszeiten die Ehre.
Beim Neubau verlegte der Architekt die einst 60 repräsentativen Verkaufsräume in den rückwärtigen Passagenteil hin zur Fürstenfelderstraße und der Vater wollte sich nur noch auf die Belieferung von Hotels und Gaststätten konzentrieren. Die Zeiten der großartigen Ausstellungen, der immensen Warengruppen, der riesigen Schaufenster zum Beispiel über japanische Kunst und Kultur, die waren nach diesem Krieg endgültig vorbei. Die Mitglieder des bayerischen Königshauses und auch der König selbst kamen nicht mehr. Das Königshaus

war abgesetzt und hatte nur noch Dank des Wittelsbacher Ausgleichsfonds ein standesgemäßes Auskommen. Die Münchner selbst hungerten, es gab kaum genug zum täglichen Leben. Da war es vielleicht eine kluge Entscheidung des Vaters, das ganze Geschäft zu reduzieren. Allerdings wird seine Frau viel später einmal sagen: „Er war ein Kaufmann in Gottes Zorn geschaffen ..." Das war nicht nett, aber vielleicht wäre er wirklich der bessere Diplomat als Geschäftsmann geworden. Das wollte er nämlich eigentlich immer viel lieber sein. Diplomat, vermittelnd, in englisch oder französisch parlierend und dazwischen seine Lateinkenntnisse einflechtend.

Nach dem Krieg begann aber in der Stadt auch wieder ein fröhliches Leben. Im September 1946 öffnete die erste Wiesn. Schießbunden sind von den Amerikanern verboten worden, die Krinoline aber drehte ihre Runden. Die Eltern verabreden sich wann immer es geht in der Mittagszeit in einem der zwei Fest-Zelte auf dem Oktoberfest bei Dünnbier und einer Bratwurst für 50-Gramm-Fleischmarken. Über die fünf unterirdischen Bunker, die Flakstellungen und die Splittergräben gucken sie hinweg und sich unverändert verliebt in die Augen. Auch ohne gebratene Hendl, Ochsen oder Steckerlfische. Mit ihnen kommen zu diesem ersten Oktoberfest immerhin mehrere hunderttausend Menschen, auch aus dem bayerischen Umland. Später wird die Mutter dann erzählen, dass die beiden, wenn sie den Schlüssel in die Wohnungstüre in der Simmernstraße gesteckt haben, sich oft ansahen und syncron fragten: „Hast Du auch so Angst?" Denn Maschka führte wohl ein strenges Regiment wenn es um die Gesundheit ihres Babbelchens ging. Das führte dann letztendlich zu einem kleinen Drama für das Kind.

Die Chronik der Muhme Schüssel

In dieser Zeit setzt sich die Großmutter des kleinen Mädchens, die Muhme Schüssel, an ihren Schreibtisch im Tiroler Schloß Schönwörth. Beginnt mit kunstvollen Initialen eine Chronik der Familie für Maria. Klebt liebevoll Bilder von sich, von ihrem Ehemann Eduard Max und ihrem zweiten Kind, dem Vater des Mädchens in das Buch. Sie ist 78 Jahre alt, schreibt unverändert in schönstem Latein und mit schwarzer Tinte, und beginnt:
„Ich will Dir alles erzählen, was sich so ereignet hat, ehe Du da warst, denn es wird Dich doch eines Tages interessieren." Sie stellt dann den „Opa Schüssel" vor und fragt: „Gefällt er Dir, der elegante Mann. Er ist auf dem Bild 46 Jahre alt, und Du kennst ihn jetzt sicher schon und hast ihn gewiss lieb gehabt".
Zu den ersten Bildern des kleinen Edi mit hauchdünnen, hellblonden Haaren erzählt die Großmutter weiter: „Damals, am 2.Januar 1904, als Dein Papi zur Welt kam, hatte er schon eine Schwester von 12 Jahren- Deine Tante Mathilde. Der Opa und ich waren unendlich glücklich, noch einen Sohn bekommen zu haben. Wenn er auch recht zart war und nur fünfeinhalb Pfund wog. Aber was ist er für ein stämmiger Mann geworden, gell?

Er hatte auch eine tüchtige Amme, die kam vom Säuglingsheim in Dresden, wo sie sieben Kindlein täglich nährte!" Die liebende Mutter schildert den Trip des 18jährigen Sohnes Edi in die Vereinigten Staaten als „Herzenswunsch des Vaters, seinen Filius in die USA fahren zu sehen". Und sie ergänzt geschickt: „Am 22. Dezember 1924 kam er zurück, von beiden Eltern in Bremerhafen beglückt empfangen! Von seinen Zeiten in den USA soll er Dir mal selbst erzählen …" Was der Vater des Mädchens irgendwie versäumt. Vielleicht, weil das Mädchen auch nie nachgefragt hat. Das tut ihr später sehr leid. Die Mutter wird dann viel später etwas erzählen von „Er hatte wohl mit 18 Jahren eine Liebschaft mit einer verheirateten Frau in der Stadt, deshalb musste er von der Schule, ein Jahr vor dem Abitur". Der Vater hat diese Geschichte nie kommentiert, und weder bestätigt, noch geleugnet. Maria entdeckt bei der Durchsicht der Chroniken der Muhme fröhliche Fotos, vom Vater in den USA, gerne mit einem Stetson auf dem Kopf, dem bevorzugten Hut seines weiteren Lebens. Er hat ihn immer auf, auch wenn die Eltern Arm in Arm über die Leipziger Messe gehen oder sich in Lindau vor den Bayerischen Löwen an der Hafenausfahrt stellen. Zudem fotografiert ihn sein bester Freund, der Edi Sohler, im Atelier. Diesmal ohne Hut, aber bestens ausgeleuchtet. Für eine Illustrierten-Reportage wird er außerdem noch als Skifahrer auf einer Hütte posieren, mit Knickerbockern und sich vor der Hütte rasierend vor einer Spiegel-Scherbe. Immer umgeben von attraktiven jungen Damen. An den Bildern sieht man, wie sehr ihm das gefällt.

Dabei ist das Sportliche nur fake, die Holzskier stehen unbenutzt draußen an der Hüttenwand. Er selbst ist nie Ski gefahren. Sport war auch nie sein Ding. Bis auf das Schießen. Aber das kommt später.

Zu den Großeltern mütterlicherseits notiert die Muhme Schüssel nur 11 ganze Zeilen- sie hat wohl mit der Mutter des Mädchens und deren Familie keinen großen Kontakt hergestellt. Obwohl in den dicken Lederchroniken der Muhme auch Fotos Maria zeigen, die zusammen mit der Mutter, die wie immer schick in Pelz, die Großmutter und die Tante Mathilde auf dem Schloß besuchen. Von der Tante, immerhin der Schwester ihres Vaters, erfährt das Kind aber auch nie viel. Später entdeckt sie in den Unterlagen des Vaters eine Todesanzeige: „Mathilde Gräfin Quadt-Isny, geborene Schüssel, verwitwete Wilhelm, gestorben am 19.Mai 1967". Da ist Maria dann schon 21 Jahre alt, bekommt mit, dass der Vater nicht zur Beerdigung seiner einzigen Schwester ging. Am Frühstückstisch in Rottach-Egern gibt es heftige Diskussionen, das Mädchen findet es unmöglich und ihre Mutter wird sehr viel später vom Grund für diesen wohl unversöhnlichen Zwist zwischen den Geschwistern berichten. Es ging um Geld, wie immer bei solchen Familienauseinandersetzungen. Die Schwester wollte vom Vater die Hälfte des Erlöses haben, als der das wieder aufgebaute Geschäftshaus an die Hypo-Vereinsbank verkaufte. Mit dem Argument, dass ihr die Hälfte einfach zustehen würde. Besonders bitter war wohl an dieser ganzen Geschichte, dass der Anwalt des Vaters eine

Liebesbeziehung zur Schwester unterhielt. Was niemand wusste. Vater zahlte, obwohl die Schwester sich am Wiederaufbau nicht beteiligt hatte. So war wohl die Beziehung zur einst geliebten großen Schwester für immer zerstört.

Aber wieder zurück zum Kind. Inzwischen ist das Geschäftshaus in der Kaufingerstraße fertig, oben im fünften Stock zieht der Vater ein. Auf 200 Quadratmetern.
Es wird eine elegante Wohnung, voller Antiquitäten und mit wertvollen Bildern bestückt. Einiges konnte der Vater aus dem Keller der zerbombten Schüssel-Passage retten, andere Skulpturen, Heiligen-Figuren, viel Silber-Besteck und ziselierte Gläser mit seinem Namen kamen aus dem Schloß Schönwörth. Das habe seine Schwester wohl freiwillig heraus gegeben, wird die Mutter später mal erzählen. Sie selbst hängte ein großes Portrait ihres Maler-Vaters über dem Esstisch auf, und der überlebensgroße Ignatius von Loyola aus dem 16. Jahrhundert schaut neben der Tür hinaus gen Süden, bei schönem Fön-Wetter bis in die bayerischen Berge.
Dem Kind gefällt alles sehr gut. Aber es erinnert sich auch mit Wackersteinen im Magen bis an sein Lebensende an diese Szene: die inzwischen fünfjährige läuft durch die Zimmer, bestaunt das übergroße Wohn- und Eßzimmer, das angrenzende Schlafzimmer, die Küche mit dem Erkerfenster hinaus auf die Kaufingerstraße und mit dem Blick auf die nahen Türme der Münchner Frauenkirche. Dann fragt es: „Und wo ist mein Zimmer?" Die Mutter ist still, wendet sich ab. Nur der Vater

antwortet: „Du hast hier kein Zimmer, Du kommst aufs Land“. Das Kind ist ratlos, verunsichert. Weiß nur, dass die Mutter erst noch in der Schwabinger Wohnung bleibt. Dann verschwindet dort ihre Maschka von einem Tag auf den anderen. Jetzt ist das kleine Mädchen endgültig verzweifelt. Weint, schreit, schlägt um sich. Die Mutter packt sie in ihren kleinen Käfer und fährt mit dem immer noch weinenden und schreienden Kind und ihrem Teddybär an den Tegernsee. Versucht zu erklären: „Die Maschka sucht jetzt ihren eigenen Sohn, der ist im Krieg verschollen. Jetzt kann sie nicht mehr auf Dich aufpassen. Jetzt passt eine andere Frau auf Dich auf ….“ Jahre später wird Maria erfahren, wie verzweifelt auch Maschka war über den Verlust ihres Babbelchens. Dass sie deshalb sogar in die Psychiatrie in München-Haar eingeliefert wurde.

„Du kommst auf's Land“

Im Augenblick aber ist für die Kleine die Welt nur noch ein dunkles Loch. Mit der Mutter zieht sie in eine Drei-Zimmer-Wohnung in einem umgebauten Bauernhof beim „Brenner“ in Egern. Dort gibt es zwar auch einen Balkon, und einen Kachelofen im Wohnzimmer. Der Vater kommt am Wochenende. So wird es bis zum Lebensende der Mutter bleiben. Er führt sein Leben in München mitten in der Stadt, die Mutter zwischen ihm und dem Kind, der Liebe zum Land und ihren Dackeln hin und her gerissen.
Der Vater registriert, dass die US-Besatzung in Japan zu Ende ging. Aber er weiß auch, dass er niemals mehr Konsul des kaiserlich japanischen

Kaiserreiches werden würde. Im damaligen Persien heiratet Schah Reza Pahlevi die damals in Deutschland lebende Soraya Esfandiari Bakhtiari, gefundenes Fressen für die Boulevard-Zeitungen und Gesprächsthema in den Familien. Genauso wie die Tatsache, dass in diesem Frühjahr auf dem Nockherberg in zwei Tagen 30 000 Maß getrunken wurden. München feiert den Frieden.

Franziska heißt die erste „Perle", die sich auf eine Anzeige der Mutter im „Altöttinger Liebfrauenboten" für den Job in Rottach-Egern gemeldet hat. Ein Leben lang wird die Mutter in dieser Zeitung Hilfen für Haus und Kind suchen. Das katholische Wochenblatt würde, so ihre Ansicht, nur von anständigen Menschen gelesen. Einst hatte auch ein gewisser Gendarm Joseph Ratzinger eine Annonce darin aufgegeben, in der er zwecks Eheschließung ein „katholisches Mädchen, das kochen und nähen kann" suchte. Er fand es und es war später die Mutter eines Jungen namens Josef, des späteren Papstes Benedikt.

Die Mutter des Kindes findet also über das Wochenblatt Franziska, die den Haushalt führen und dabei auch auf Maria aufpassen soll. Beim Blick auf den Wallberg, immerhin 1784 Meter hoch, meint diese Franziska nur ganz trocken, dass sie diese „Baude" doch bald mal besteigen werde. Mittags muss sie immer einen Mittagsschlaf machen. Natürlich nur, wenn die Eltern nicht da sind. Einen Haushalt zu führen scheint sie sehr anzustrengen. Das Kind bleibt in dieser Zeit draußen, ausgesperrt. Es könnte ja stören …

Es ist für die kleine fünfjährige Maria keine schöne Zeit, so ohne die liebevolle Maschka, selten kommt die Mami, wie sie die Mutter nennt und noch seltener der Vater. Sie freut sich aber auf die Schule. Und endlich ist er da, der erste Schultag. Sie geht sehr gerade in ihrem roten Regenmantel und mit der traditionellen Schultüte in den Armen. Die dunkelbraunen kurzen Haare immer noch durch einen akkuraten Seiten-Scheitel gebändigt. Wenngleich der Schulweg durch eine Hecke und über einen Hof in die Egerner Volksschule führt, ein Schulweg von nur wenigen Minuten, kommt das Kind dennoch oft zu spät. Was dann zum Nachsitzen führt und der Beginn der späteren stundenlangen Heimwege ist. Was aber kaum jemandem auffiel.

Ein langer Heimweg und der Versuch nach München zu kommen

Der lange Heimweg beginnt für das Kind südlich des Schulhofs am Egerner Friedhofstor mit dem Blick ins Leichenschauhaus. Maria ist noch klein, und muss sich an den Gittern vor der Glastüre hochziehen um zu sehen, wer da wieder drin aufgebahrt wurde. Das ist einfach interessant. Dann zieht es sie hinein in die im 12. Jahrhundert erbaute Egerner Kirche St.Laurentius. Am Altar fasziniert Maria vor allem das Gemälde von Georg Asam, bei dem er Maria malte, die bei Christus für Laurentius seinen Segen erbittet. Dazu die vielen Engel und das Gold überall – da wird das Mädchen ganz still und andächtig. Aus der Kirche führt sie der Weg auf den hellen Kieselsteinen an der Kapelle vorbei, wo in der

Weihnachtszeit die Krippe aufgestellt wird. Von dort geht es sieben breite Steinstufen hinunter auf die Egerner Seestrasse. Dort gegenüber liegt dann das Schreibwarengeschäft. Oft nur zum Schauen und Fenster gucken, selten kann sie etwas dort kaufen. Taschengeld ist rar. Aber sie braucht auch eigentlich nichts. Doch ihr Schul-Heimweg ist noch lange nicht beendet: es kommt der Bootsverleih Reiffenstuehl direkt am See, wo sie später auch oft aushelfen wird mit den Ruderbooten. Dann der große Bauernhof mit dem größten Viehbestand im ganzen Ort und schließlich der „Brenner", wo sie wohnt, aber nicht gerne hingeht. Denn von der Franziska fühlt sie sich alles andere als gemocht … ihr fehlt die Mutter, auch der Vater und vor allem ihre Maschka.

Das Kind versteht das alles nicht. Viele Jahre später wird ihr die Mutter erzählen, wie sehr sie sich zerrissen fühlte zwischen Land und Stadt, zwischen dem geliebten Mann und dem ersehnten Kind. Sie wusste ja genau, dass der Vater keine Kinder wollte. Sieben Jahre sind die beiden „miteinander gegangen", wie man das so flapsig formuliert. Sie hatten sich in Garmisch-Partenkirchen kennengelernt bei Freunden. Der Vater wird sie in den ersten Jahren auf ihren vielen Reisen begleiten, wenn sie eine Modenschau „ansagt", so nannte man das damals noch. An den Bodensee geht es, der Vater immer elegant mit dem amerikanischen Stetson behütet, die Mutter selten ohne eine Pelzjacke, einen Pelzkragen oder gar im Pelzmantel. Pelz- das war schon damals ihre Leidenschaft. Und seine wohl diese einstigen Cowboy-Hüte. Mit der breiten Krempe als Wetterschutz, in beide

Richtungen wasserdicht. Sieben Zoll breit der Rand. Der Vater maß das bei Kauf eines neuen Hutes auch nach. Das junge Paar fährt zusammen auf die Zugspitze, die Mutter besucht den Leutnant-Freund in seiner Flak-Stellung in München-Oberwiesenfeld und steht auch da elegant und fotogen am Fenster der hölzernen Baracke. Im Pelzjäckchen. Er besucht seine Freundin dann auch oft in der Simmernstrasse in Schwabing und spielt gerne mit der kleinen Dackel-Dame Witschie. Das waren die Anfänge der Eltern.

Witschie aber war jetzt auch nach Rottach-Egern umgezogen, zum „Brenner" und machte es sich unter dem Kachelofen in der Stube gemütlich.

Im Gegensatz zu dem Kind. Besonders am Abend wenn es ins Bett geht, ist das kleine Mädchen traurig. Es will zu seinen Eltern. Und hat eine Idee: Maria hält in der Fürstenstraße vor dem „Brenner" einen netten Radfahrer an und fragt ganz mutig: „Könnten sie mich aufhocken lassen und zum Zug nach Tegernsee bringen?" Der Mann ist freundlich, lässt die damals siebenjährige aufsitzen und radelt mit ihr drei Kilometer rund um die Egerner Bucht. Aber nicht zum Bahnhof, sondern auf die Polizeistation in Tegernsee.

Die Polizisten sind um diese Zeit, es ist inzwischen 19 Uhr, ziemlich verwundert über das Kind. „Ich will nach München zu meinem Vater, der wohnt in der Kaufingerstraße neun. Ich habe auch eine Telefonnummer von ihm". Klar, die Beamten rufen den Vater an, bringen die kleine Maria aber nicht zum Vater sondern wieder heim „zum Brenner" und die ziemlich aufgelöste Franziska packt das Mädchen ins Bett. „Warte nur, am Wochenende kommen Deine Eltern, die werden Dir schon was erzählen …" Das Mädchen dreht sich auf die Seite zur Wand, steht auch am nächsten Morgen nicht auf, um nichts in der Welt. Schließt auch die Augen ganz fest, als die Eltern am Wochenende besorgt an ihrem Bettchen stehen und sich von Franziska die ganze Geschichte erzählen lassen. Mit dabei die Freundin der Mutter, Tante Elisabeth. Sie hat auch beim „Brenner" eine Ferienwohnung und nimmt das kleine Mädchen oft bei sich auf, wenn in der Mittagszeit die Wohnung oben versperrt ist. Sie wird sie ein Leben lang „Maruschkerl" nennen. Jetzt aber sind alle erst mal entsetzt. Verstehen die Welt nicht mehr und schon gar nicht das Kind. Aber am Montag Morgen sind alle wieder auf und davon gen München. Das Kind geht ganz normal zur Schule. Die Mutter verspricht in zwei Tagen wieder zu kommen. Dann will sie mit dem Dackel Witschie und ihrer Tochter einen langen Spaziergang in die Weissachauen machen. Darauf freut sich das Kind. Wie immer, wenn die warmherzige Mutter da ist. Sie liebt sie und fühlt, dass ihre „Mami" sie auch liebt. Manchmal schafft sie es ja sogar zuhause ihre Texte für die Mode-Fachzeitschriften auf ihrer grauen Reise-Schreibmaschine mitten in der Wiese vor dem Brenner'schen Bauernhof zu schreiben. Dann sitzt Maria gegenüber der Mutter mit am weißen Holztisch und macht ihre Hausaufgaben. Das sind schöne Momente. Beide im Dirndl, die Mutter hat damals schon mindestens 20 in ihrem Kleiderschrank. Für Sommer und Winter, und für die Übergangszeit. Alle von der Resi Wallner geschneidert, die Stoffe im Trachtenhaus Greif ausgesucht.

Eines Tages sitzt wieder die Freundin der Mutter, die Tante Elisabeth, bei ihr auf einen Tee. Es ist mitten im Sommer und sie berichtet ganz entsetzt von einem Erlebnis aus dem „Ritzl-Freibad", so heißt im Volksmund die kleine Badeanstalt an der Egerner Bucht. Da habe sie doch erlebt, wie zwei größere Buben einen kleineren Buben oben vom Hüttendach an den Armen und Beinen gepackt haben, ihn mehrmals hin und her schwangen und dann im großen Bogen ins Wasser warfen. Runter vom Dach! Bevor das Kind wieder auftauchen konnte, sind die Buben nach gesprungen und haben den kleinen Buben dann immer wieder nochmal unter Wasser getaucht. Tante Elisabeth ist auch beim Erzählen noch ganz aufgeregt. Vor allem, weil sie berichtete, dass der kleine Bub freiwillig mit den großen dann immer wieder auf das Hüttendach geklettert sei, um sich so in den See werfen zu lassen. „Mein Gott," seufzt sie, die Mutter dieses Buben möchte sie nicht sein. Da geht die Türe auf zur Stube der „Brenner'schen" Wohnung- und die kleine Maria kommt rein. Jetzt ist Tante Elisabeth vollkommen sprachlos: "Das ist ja- der kleine Bub aus dem Ritzl Bad", schreit sie entsetzt auf. Der kleine Bub, das war die Maria. Die jetzt mit noch nassen, kurzen Haaren zu ihrer Mutter auf das Sofa sprang. Grinsend, denn sie hatte natürlich die Tante und Freundin ihrer Mutter im Bad längst auch gesehen.

Schön wenn die Mutter von früher erzählt

In der Volksschule gibt es natürlich auch Religionsunterricht. Katholischen Religionsunterricht. Rotach-Egern ist oberbayerisch-katholisch. Da stellt sich heraus, dass das Mädchen evangelisch getauft wurde, wie auch ihre Eltern. Sollte sie jetzt in der Religionsstunde draußen auf dem kalten Flur der Volksschule warten? Der katholische Pfarrer Josef Kronast von St.Laurentius hat Mitleid. Das Mädchen darf am katholischen Religionsunterricht teilnehmen. In der letzten Bank. Das ist der Anfang ihrer lebenslangen Hinwendung zum katholischen Glauben. Sie darf gar im weißen, von der Mutter genähten, langen Kommunionskleid bei der Kommunion in die Kirche einziehen- allerdings bekommt sie keine Hostie. Das trifft sie hart. Ansonsten erlebt sie den bayerisch-barocken Katholizismus. Die ganze Klasse weiß, dass der Pfarrer ein Verhältnis mit der Handarbeitslehrerin pflegt. Was aber keinen sehr stört.

Nur einmal bricht es bei dem Kind heraus. Sie hat im Religionsunterricht etwas von der „Nottaufe" gehört und bittet jetzt weinend an einem Nachmittag ihre besten Freundinnen sie doch „Not zu taufen". Sie sei doch schließlich so sehr in Not. Weil sie als Heidenkind eben doch nicht dazu gehört in dem katholischen Dorf am Fuße des Wallberg. Es wird noch Jahrzehnte dauern, bis sie „dazugehört", konvertiert und dann ganz richtig katholisch ist.

In München müssen in diesem kalten Winter die Kinder ziemlich frieren: es gibt keine Kohle zum Heizen. Zwei Tage müssen gar die Schulen in der Stadt ganz schließen. Nicht so die Volksschule in Egern. Da ist es warm. Ärgerlich für das Mädchen, denn die Mutter kommt. Das klingt jetzt komisch, aber sie hatte auf schulfrei wegen Kälte gehofft. Damit das Mädchen trotzdem die Mutter sehen und mit ihr am Nachmittag was unternehmen kann, überredet sie ihre Mutter mit laufendem Motor vor der Volksschule zu halten. Genau auf der Seite, wo der Klassenraum des Kindes liegt. Wenn die Lehrerin wegguckt will das Mädchen aus dem hohen Klassenfenster klettern und im Auto der Mutter verschwinden. Schule schwänzen. Die Mutter hat sich wohl nie darüber Gedanken gemacht, welche Folgen das für ihre Tochter haben könnte. Die freut sich auf die Bergwanderung mit Dackeldame Witschie. Jetzt auch noch mit einem jungen Dackelkind aus dem letzten Wurf. Er wird Mufti getauft. Woher diese Namen kommen begreift Maria nicht, aber Witschie und Mufti gehören ab jetzt zu ihrem Leben. Glückliche und seltene Zeiten, an der einen Hand ganz fest die Mutter, in der anderen die grüne Hundeleine. Das Mädchen muss nachsitzen und bekommt einen Verweis, aber das stört sie nicht sonderlich.

Auf diesen Wanderungen erzählt die Mami dann auch von ihren Eltern, dass die auch schon immer einen Dackel hatten. Dass ihr zwei Jahre älterer Bruder mit nur 10 Jahren am Weihnachtsabend an einer Lungenentzündung gestorben ist. Dass seitdem Weihnachten immer traurig war, weil sie mit den

Eltern an diesem Tag ans Grab des Bruders gehen
musste. Später wird sich deshalb Maria um
Weihnachten kümmern, den Baum schmücken, die
Geschenke schön einpacken, die Kerzen aufstecken.
Sie liebt Weihnachten. Aber beide Eltern sind keine
Weihnachts-Fans. Der Vater gesteht sogar mal,
Weihnachten mache ihn immer so sentimental und
deshalb mag er es nicht leiden.

Bei den langen, schönen Spaziergängen erzählt die
Mutter auch gerne von ihrem Vater, dem großen,
starken Mann mit dem breiten Rücken, mit dem viel
zu hohen Gewicht – und der weichen Seele. Ganze
57 Jahre ist er geworden, kein Alter hat man schon
damals gesagt.
Sein Selbstbildnis hing immer da, wo wir wohnten.
Später im Haus der Eltern in Rottach-Egern. Seine
kunstvollen Scherenschnitte der großen Musiker,
liebevoll in Holz-Ovale gerahmt, schmückten das
Arbeitszimmer der Mutter.

Bruchstückhaft, immer nur in kurzen Szenen, erzählt
die Mami dann mehr vom Vater. Der wohl die
geliebte Tochter gerne mit in sein Atelier in
Schwabing mitnahm, vor allem wenn die Mutter
Hanna zuhause an Migräne litt. Er war wohl
außerdem der Mittelpunkt einer wilden, fröhlichen
Münchner Künstlerclique, die da in den zwanziger,
dreißiger Jahren nicht nur malte und zeichnete,
sondern auch viel feierte im blühenden Schwabing.
Man dachte sich die Vorstadthochzeit aus, ein
Kostümfest, in dem die arrivierten Städter in die
Kostüme der sogenannten Vorstädter schlüpften.

Dazu eine fast richtige Hochzeit ausrichteten mit
köstlich-komischen Reden. Die Eltern des Mädchens
haben später mit Freunden dieses Fest in München
nach dem zweiten Weltkrieg wieder zum Leben
erweckt – die Vorstadthochzeit der Künstler der 20er
und 30er Jahre geriet zum Faschings-Highlight. Alle
wollten hin, immer gab es zu wenige Karten … und
als zu später Stunde der damalige Ministerpräsident
Franz Josef Strauss in ziemlich angeheitertem
Zustand um Einlass begehrte, verwehrte man ihm
diesen. Zu betrunken sei er- auch das war München.

Finanziell scheint es Erich Wilke und seiner Familie
nicht schlecht gegangen zu sein. Er hatte die feste
wöchentliche Seite in der Monatszeitschrift
„Jugend“, zeichnete immer wieder für den
Simplicissimus. Nur einmal, in den Ferien, oder
besser: in der Sommerfrische, da schrieb er seinem
Verleger: „Beim Warten auf Moneten werden
Minuten zu Monaten …“

Die „Jugend“-Seiten hat Erich Wilke von seinem
Bruder Rudolf übernommen. Der damals berühmtere
der malenden und zeichnenden Gebrüder Wilke aus
Braunschweig. Aber Erich wurde einer der
fleißigsten Karikaturisten seiner Zeit. In der
„Jugend“ schaffte er es in fünf Jahren mit 67 Seiten
vertreten zu sein. Die Kollegen beschreiben ihn
später als einen „bewährten Vorschußeintreiber.“

Apropos Sommerfrische: die verbrachte die Familie
Wilke stets in Prutting am Simssee, nahe des
Chiemsees. Auf einem Bauernhof, wo Maria’s

Mutter, damals noch Gretl genannt, mit der Kern Kathl – in Bayern nennt man immer erst den Familiennamen und dann den Vornamen – spielte. Er müssen glückliche Jahre gewesen sein. Obwohl Großvater Erich schon damals mit dem Herzen zu tun hatte. Er war eben auch zu schwer, oder besser: zu dick.
Nach einem Krankenhausaufenthalt und den ermahnenden Worten endlich abzunehmen ging es mal wieder hinaus nach Prutting. Er bestieg in Rosenheim am Bahnhof ein Fahrrad, das er sich im Zug mitgenommen hatte. Radelte gen Prutting und erklärte dort den Bauern überglücklich, wie fit er jetzt sei. Denn er habe diesmal am berüchtigten Pruttinger Berg nicht vom Fahrrad absteigen müssen … die lachten sich schief und prusteten nur heraus: kein Wunder, die haben im letzten Herbst den Berg abgetragen …

Zwei Jahre später ging er mal wieder, wie täglich, nach dem Mittagessen von zuhause in der Pienzenauer Strasse in München Bogenhausen über die Isarbrücke hinüber in sein Atelier in Schwabing. Dort ist er, vor der Staffelei, einem Herzinfarkt erlegen.

Der Simplicissimus-Karikaturist Arnold Weiß-Rüthel setzte ihm mit diesem Nachruf ein Denkmal:
„Das große linkische Kind, das noch im Alter von 57 Jahren Brieftaschen, Zeichnungen und Hausschüssel verlor, das verträumt wie ein 13jähriger in die Welt staunen konnte, den Telefonhörer mit erstaunlicher Sicherheit verkehrt in

die Hand nahm und über den günstigen Ausgang eines Fußballwettspiels in Ekstase geriet, dieser liebenswürdige Bär mit dem gütigen Herzen ist überaus plötzlich verstorben …“

Seine Tochter sorgt dann für den Unterhalt ihrer Mutter, seiner Frau Hanna. Sie selbst ist 28 Jahre jung. Bereits Schneidergesellin. Später stellvertretende Leiterin der Münchner Meisterschule für Mode, Modejournalistin und 25 Jahre Leiterin der Moderedaktion der Madame.

Die Mutter erzählt dem Mädchen auch auf einem der langen Spaziergänge eine kleine Anekdote von ihrem Vater Erich und dem Bruder Rudolf. Angeblich hörten sie beide schlecht. Der eine auf dem linken Ohr, der andere mit dem rechten Ohr. Wenn sie dann mit ihren Ehefrauen spazieren gingen, Sonntags im Englischen Garten, dann hakten sich die Ehefrauen außen unter, wollten sie denn gehört werden. Und Gehör konnten sie sich wohl immer bei ihren Männern verschaffen. Die kleine Maria saugt all diese Familiengeschichten auf. Sie geben ihr das Gefühl, wirklich Teil einer Familie zu sein.

Skifahren wird Maria's große Leidenschaft

Es schneit in dicken Flocken. Endlich Winter. Das Mädchen darf Skifahren lernen. In der Skischule Förg. Es wird ihre große Leidenschaft werden. Bald schon startet die kleine Maria am Riederstein beim Jugendskirennen des Skiclub Rottach-Egern. Der aktuelle Freund ihrer großen Schwester Hannelore trägt ihr die Ski hinauf zum Start. Die Sonne strahlt über das Tal, die Kleine fährt so schnell sie kann und bekommt in der Klasse der fünf-bis siebenjährigen den ersten Preis. Und am Wochenende nimmt sie ihre Mutter, ebenfalls eine begeisterte Skifahrerin, mit hinauf auf den Wallberg. Brauner Anorak, braune Skihose und braune Zipfelmütze. Sie sieht eher wie ein Junge aus. Deshalb spricht sie auch am „Gra Wasserl", dem grünen Wasser, ein gleichaltriger Junge an, ob „er" mit ihm im Schlepplift hinauffahren würde. Das macht „er", klar. Erst am Ende des Skitages stellt sich heraus, dass „er" eine „sie" ist-aber da war die Freundschaft schon geschlossen. Thomas heißt der neue Spezl, und am kommenden Sonntag stehen dann die beiden stolzen Elternpaare unten neben dem Lift und bewundern ihre Sprößlinge auf Ski. Daraus wird eine lebenslange Freundschaft der beiden Elternpaare- die mit Thomas endet noch im letzten Volksschuljahr. Da tritt ihm die inzwischen neunjährige Maria auf dem Schulhof wütend in den Bauch. Warum ist nicht mehr klar. Aber: es wirkt sich fatal aus, denn Thomas war erst zwei Wochen vorher der Blinddarm entfernt worden. Jetzt schreit er vor Schmerzen. Die Mütter sind entsetzt und empört und es ist das Ende der kurzen Kinder-Freundschaft. Auch der gemeinsame Übertritt nach der Aufnahmeprüfung in das Gymnasium Tegernsee ändert nichts daran. Sie kommen auch in zwei unterschiedliche Klassen, das Mädchen in den mathematisch-naturwissenschaftlichen Zweig, Thomas wird humanistisch mit Latein und Griechisch. Eine erstaunliche Entscheidung der

Eltern Marias. Denn der Vater gab auch oft ganz schön an mit seinen Lateinkenntnissen und seinem Max-Gymnasium in München. Maria aber, so erklärte er, brauche Sprachen, sollte nach der Mittleren Reife in eine Haushaltsschule gehen und wird dann sicher heiraten. Das Mädchen findet keine Widerworte. Die fallen ihr erst später ein. Wenn sie nach dem Abitur an ein Geschichts-Studium denkt und feststellt, dass sie dafür das große Latinum braucht.

Die Eltern pflegen in Rottach-Egern zwei enge Freundschaften: einmal mit der schon genannten Tante Elisabeth und ihrem Mann Walter. Einem Urologen mit Klinik in Kassel. Und mit den Eltern von Thomas, Fränzi und Klemens. Er kann als Staatsarchivdirektor gut mit dem Vater über Geschichte diskutieren und ist wohl auch ein geschätzter und gebildeter Reiseführer auf den gemeinsamen Unternehmungen zum Beispiel nach Italien. Die Eltern des später bundesweit bekannten Fernsehstars Carolin Reiber laden Vater und Mutter in ihr Haus auf Mallorca ein. Das war damals noch etwas Besonderes, nur wenige Deutsche besaßen dort einen Feriensitz. Der Vater spielt den bekannten Charmeur und als die damals 16jährige Carolin vor einem Schmuckgeschäft in Palma steht und sich einen Ring ganz verliebt ansieht, kauft ihn der Vater heimlich und schmuggelt ihn ihr beim Abendessen in die Serviette. Sie wird das nie vergessen.

Im Winter fährt Maria jetzt schon sehr sicher hinter der Mutter her. Auf dem Wallberg, hinunter den

Kircherlhang, dann hinüber zum Setzberg und dort hinauf mit dem Sessellift. Und bald auch schon die Herren-Abfahrt hinunter. Die damals noch FIS-Rennstrecke ist und auf der der Kitzbühler Toni Sailer mehrmals hintereinander die Bestzeit fährt. Das Mädchen ist damals ganze sieben Jahre alt. Als es einmal mitten im Glaslhang stürzt und auf dem Gesicht voraus den steilen Hang hinunter in das Kanonenrohr rutscht, weint es bitterlich. „Ich fahre nie mehr Ski,“, schluchzt Maria aund will die hellblauen Holzski mit den damals noch unterbrochenen Stahlkanten von sich schleudern. Die Mutter hat das alles mit angesehen, zieht in ruhigen Schwüngen den Glaslhang hinunter, hilft dem Kind beim Abschütteln des Schnees und- gibt ihr die einzige Ohrfeige in Maria's Leben. Die ist erst mal sprachlos, die Tränen versiegen, das Schluchzen auch. Sie steigt in ihre Bindung, rutscht noch ein wenig aus und fährt dann brav hinter ihrer Mutter her hinein in das Kanonenrohr. Keine von beiden sagt noch ein Wort. Für das Mädchen aber ist klar: sie wird weiter skifahren. Jetzt erst recht. Die Lektion ist gelernt … Im Zielraum sieht sie ein blondes Mädchen wieder, das oben am Setzberg auch hinter deren Mutter hergefahren war. In einem äußerst attraktiven hellblauen Skianzug, während der ihre im grässlichen Braun alles andere als schick war. Fand sie jedenfalls. Außerdem fuhr die Mutter dieses Mädchens schneller als ihre eigene Mutter. Das wurmt Maria sehr, die jetzt aber ihre Ski abklopft, zusammenbindet mit den Langriemen und das blonde Mädchen ganz keck fragt, wie sie denn heißt: „Brella“, antwortet die, aber Maria kann den

Namen nicht einordnen und hat dann nur geantwortet: „Super Schnee heute, dazu Sonne, da haben wir wohl Glück, oder?" Da aber ruft die Mutter bereits das andere Mädchen zum Auto. Dass daraus einmal eine lebenslange Freundschaft werden könnte, zeichnet sie hier noch nicht wirklich ab.

Der Beginn einer lebenslangen Freundschaft

Die Aufnahmeprüfung ein halbes Jahr später auf das Tegernseer Gymnasium ist ein aufregender Tag. Die Mutter verspricht das Kind rechtzeitig vor dem altehrwürdigen Benediktinerkloster abzuliefern. Aber wie immer: es wird sauknapp. Noch nicht zu spät, aber Maria scheint die letzte zu sein, die in das zugewiesene Klassenzimmer schlüpft und in der letzten Bank Platz nimmt. Die letzte? Nein, das ist sie keineswegs. Die Klassentüre geht ganz vorsichtig auf, ein kleines Mädchen mit blonden Locken spitzt um die Ecke und Maria winkt sofort heftig. Sie erkennt das Mädchen, vom Skifahren auf dem Wallberg. Jetzt soll sie neben ihr sitzen, auf dem letzten freien Platz im Klassenzimmer. Sie heißt Brella, jetzt versteht das die angehende Gymnasialschülerin besser. Weil Brellas's kleinerer Bruder Gabriele nicht sagen kann. Die beiden bestehen die Aufnahmeprüfung und treffen sich im September am ersten Schultag wieder. Bleiben zusammen, nebeneinander in der letzten Bank. Was den Schulnoten nicht gerade gut tut. Brella fällt in der ersten Klasse durch. Maria wird versetzt. Die Wege führen ein wenig auseinander. Aber nur kurz.

Immer wieder radelt sie von der neuen Wohnung am Oberacher Weg in Rottach-Egern 12 Kilometer nach Riedern, nach Bäck am Hof. Vor allem am Wochenende, wenn die Eltern nicht da sind und sie nicht so recht weiß was sie mit sich anstellen soll. In Bäck am Hof lebt ihre große Schwester Annette mit Ehemann Walter und den zwei Kindern Claudia und Albrecht.

Bäck am Hof, ein ehemaliger Bauernhof zwischen Gmund und Waakirchen, ist von der Großmutter der Zwillinge Angelina von Weech zu einer Weberei ausgebaut worden. Annette erlernte später dazu auch das Weberei-Handwerk und machte gar die Meisterprüfung. Während ihre Zwillingsschwester Hannelore in München mit dem Verlegerssohn Rolf und den zwei Kindern Johannes und Betina eher ein elegantes Leben führte. Die kleine Schwester Maria erinnert allerdings oft verzweifelte Anrufe dieser anderen großen Schwester bei der gemeinsamen Mutter. Wenn eine schluchzende Hannelore von einem umgeworfenen Frühstückstisch berichtete. Weil angeblich das Frühstücksei zu hart, zu weich oder was auch immer gewesen sei. Diese Auftritte gab es bei Annette und Walter nicht. Deshalb immer mal wieder eine Radtour nach Bäck am Hof. Das Mädchen mochte die beiden sehr. Fühlte sich zuhause und wie in einer Familie. Ihre große Schwester mit dem Walter und den beiden Kindern Claudia und Albrecht, das war richtig schön. Oft darf sie mit den beiden und den Eltern von Walter zum Wandern gehen. Besucht die Schwiegereltern Carl und Martha aus Nürnberg, wenn sie

„Sommerfrische" machten in einem Gästehaus bei der Frau von Grothe in Rottach-Egern. Nicht ahnend dass genau dieses Hause ihre Eltern später kaufen würden und dass das ihr Rottacher Zuhause werden würde.

Aber oft waren Anette und Walter mit den Kindern unterwegs- und Maria strampelte dann wieder zurück. Diesmal nicht mehr über Tegernsee und St. Quirin, sondern über Bad Wiessee. Elend lang kommen ihr beide Wege vor. Sie braucht jetzt auch ein größeres Fahrrad. Schließlich ist sie im letzten Jahr gewaltig gewachsen und kann schon fast die Sachen ihrer Mutter „ausleihen".

Ihr Vater, ein begeisterter Fotograf, schenkt seiner Tochter zum 13. Geburtstag eine Kamera. Eine braune Box, 6mal6-Format. Welch eine Freude. Ab jetzt wird alles fotografiert, was nicht ganz schnell auf dem Baum war. Die Eltern, der Hund Mufti, das kleine Wohnzimmer am Oberacher Weg mit dem brandneuen Fernsehapparat. Schwarz-weiß. Brella von vorne und von der Seite, mit ihren blonden langen Haaren, die ihre Mutter immer vor der Schule mit dem Fön zu einer eleganten Außenrolle trimmte. Während Maria mit ihren steckerl-geraden braunen Haaren wenig anzufangen wusste. Ihre Mutter wäre wohl auch nie auf die Idee gekommen, die Haare ihrer Tochter hübsch zu fönen.

Apropos Baum: im großen Grundstück am Oberacher Weg steht eine herrliche Rot-Buche. Mit dicken, kräftigen Ästen. Das Kind erklettert diese Buche mit Leidenschaft. Zieht mit einem selbstgebauten Aufzug aus einem gelben Plastikpapierkorb Bretter hinauf, Nägel und einen

Hammer. So entsteht das erste Baumhaus ihres Lebens. Mit dem „Aufzug" kann sie auch manchmal ihre Schulhefte und Bücher hinauf transportieren und sitzt dann glücklich oben im Baum bei ihren Hausaufgaben. Es ist das letzte Jahr in der Volksschule mit ihrem verehrten Lehrer Bruns. Der als leidenschaftlicher Pädagoge es immer schaffte das Interesse der Kinder zu wecken und der auch schließlich die Basis legte, dass Maria die Aufnahmeprüfung so problemlos schaffte. Abends gucken Regine, so heißt die neue, sehr herzliche Haushälterin und Betreuerin, (auch aus dem Altöttinger Liebfrauenboten) zusammen mit dem Mädchen die Abendschau im Bayerischen Fernsehen. Erst dann muss sie ins Bett. Und immer am Mittwoch darf sie im Radio die Schlagerparade mit Fred Rauch hören. Absolute Stille ist da angesagt. Sie hört in Regines Zimmer. Und freut sich immer besonders auf den letzten Teil der Sendung: auf die aktuellen „neumodischen" amerikanischen Schlager. Regine aber verlässt ebenfalls nach nur vier Jahren den Haushalt Schüssel und damit Maria. Sie nimmt ein Angebot der New Yorker Freunde des Vaters an. Die kamen neun Jahre nach Kriegsende den deutschen Freund „Eddi" besuchen. Da gibt es noch Fotos: die Schulzes in Bäck am Hof, die Schulzes in der Egerner Seestrasse, zusammen mit der Mutter im Dirndl. Regine verlässt die deutsche Familie aber auch, weil der Dollar damals stolze vier Mark wert ist. Sie rechnet sich aus, was sie mit dem angebotenen guten Gehalt dann für ihr Alter ansparen kann. Wieder

zurück in der bayerischen Heimat. Aber es kommt
alles ganz anders.

Endlich ein eigenes Haus

Jetzt aber steht wieder ein Umzug an: endlich in ein
eigenes Haus im Jahnweg 6. Schon bevor der
Umzugswagen kommt, transportiert Maria alles, was
auf das Fahrrad passt, hinüber in ihr neues Zimmer.
Mit eigener Loggia nach Süden und mit Blick auf
den Wallberg, neben dem Schlafzimmer der Mutter.
Der Vater zieht in die kleinste Kammer, das sei ihm
sehr recht, wird er immer sagen.
Er hat es immer noch nicht mit dem Landleben.
Stellt seine Tasche nach Ankunft am Wochenende
im Wohnzimmer auf einen Stuhl und benimmt sich
eher so wie ein Gast. Erstaunlich, denn in seiner
Jugend liebte er das Leben auf dem Land. So
jedenfalls beschreibt es seine Mutter, die Muhme
Schüssel. Seine Eltern kauften 1916 den
Obernauerhof bei Bad Kohlgrub mit 100 Tagwerk
und viel Wald am Hörnle für 62 000 Mark. Alles
über diesen von der Familie so geliebten Hof ist in
ihrer wunderbaren handschriftlichen Chronik
nachzulesen. Von den Weihnachten im tief
verschneiten Oberbayern, von den Skitouren mit
Vaters Schwester Mathilde. 12 Jahre älter wie der
Vater und verheiratet mit Oscar Wilhelm. Zur
Erinnerung: das alles war mitten im Ersten
Weltkrieg. Welches Glück damals, dort oben in
Frieden und in relativem Wohlstand zu leben. Später
wird der Vater nicht viel vom Obernauerhof
erzählen. Wie gut dass die Großmutter dicke

Folianten und gelbe Pergament-Seiten mit schönster Tintenschrift vollgeschrieben hat. Auch über die traurigen Ereignisse. Denn kurz vor Kriegsende verstarb der Ehemann von Tante Mathilde an der spanischen Grippe. Damals kommen bei dieser Pandemie in Europa mehr Menschen uns Leben, als später im Zweiten Weltkrieg, nämlich 60 Millionen. Mathilde brachte zur gleichen Zeit in München ihr zweites Kind zur Welt. Neues Leben und Sterben wie so oft nah beieinander.

Aber wieder zurück in den Jahnweg 6. Die neue Haushälterin im Hause Schüssel heißt Therese. Sie nimmt die Stelle nur an, weil der Vater „Konsul" ist und sie vorher bei der Fürstin Öttingen-Wallerstein im Dienst war. Sie wird auch immer „Herr Konsul" zu ihm sagen. Titel sind ihr wichtig. Zum Mädchen ist sie freundlich, hilfsbereit. Macht alles für es, räumt, putzt, kocht und kauft ein. Maria muss gerade mal ihre Anziehsachen aufräumen. Sogar ihr Bett wird für sie gemacht und jede Woche frisch bezogen. Schon irgendwie ein verwöhntes Kinderleben. Mit Dackel Mufti an der Seite und manchmal unter dem Bett. Witschie, die Dackel-Mutter lebt nicht mehr. Mufti führt ein sehr eigenwilliges Leben. Kommt nie wenn man ihn ruft, ist beleidigt auf das Mädchen, wenn es ihn mal vergisst, nicht beachtet und womöglich nicht mit ihm spazieren geht. Dazu saust er immer auf und davon, wenn die Mutter auf den Hof fährt. „Warum haut der Mufti immer dann ab, wenn ich komme? Ich freue mich doch so auf ihn …" Aber der Mufti will wohl so seine Empörung zeigen, dass das Frauchen so selten da ist.

In dieser Zeit verkauft der Vater das Geschäftshaus in der Kaufingerstraße an die Hypo-Vereinsbank. Die hatten ihm ja damals auch das Geld für den Bau auf den Ruinen der zerstörten Schüssel-Passage geliehen. Damit konnte dann auch das Rottacher Haus komplett bezahlt werden und man war die Hypothekenzinsen an die Bank endgültig los. Von einem Teil des Erlöses kaufte der Vater dann der Mutter ein immenses Brillant-Collier, und einen Ring mit zwei jeweils zweikarätigen Brillanten. Zudem hing an dem Collier dann noch ein sechskarätiger Brilli dran. Es sollte auch eine Wiedergutmachung sein, für die vielen Sorgen und den Kummer den die Mutter wohl mit und um den geliebten Mann erdulden musste. Der Vater wird dann immer, in allen Papieren und Testamenten verfügen, dass dieser Schmuck an seine einzige Tochter vererbt werden soll. Es wird auch da ganz anders kommen. Jetzt aber trägt die Mutter stolz und strahlend das Collier und den Ring. Auf allen Bällen und großen Festen.

Ein Jahr später erlauben die Eltern der jetzt 15jährigen Tochter die erste Faschingsparty im Haus. Die Freundin Brella bleibt über Nacht. 25 Klassenkameraden, Freunde und Freundinnen maskieren sich und vertilgen Hendl und Kartoffelsalat. Musik ertönt vom Plattenspieler und alle tanzten nach amerikanischen Songs, und zuweilen zu späterer Stunde zur Musik von Radio

Luxemburg. Der bei der Jugend so beliebte Sender ist immer erst ab 22.30 Uhr empfangbar. Lauter Hits aus Großbritannien und den USA. Einfach super. Für die richtige Faschingsstimmung sorgten zudem Girlanden und Luftballons im Wohnzimmer. Zu trinken gibt es Cola, Wein und Bier. Aber damals ist es wichtiger für die Jungens ein Mädchen zu erobern, oder für die Mädchen einen Jungen zu umgarnen. Alkohol war kein Thema. Um Mitternacht ist Schluss. Die verschiedenen Eltern holen ihre Sprösslinge ab, noch hat kaum jemand von ihnen einen Führerschein. Jahrzehnte später werden die Fotos dieses Faschingsfestes Maria erinnern, als wäre es gestern gewesen. Sie tanzte damals sichtbar glücklich in der Verkleidung einer Indianersquaw durchs Haus. Erinnerungen an Nscho-Tschi, die Schwester Winnetous und die 64 Bände „Karl May", die sie alle mit Leidenschaft verschlungen hat.

Die ersten Lieben

Jetzt aber tauchen auch die ersten Verehrer auf. Der erste Kuss um Mitternacht auf einer anderen Party hieß Axel, ging in die gleiche Klasse und kam ursprünglich aus Nürnberg. Wolle aus Bad Wiessee baggert ein wenig, aber nicht erfolgreich und wiederum auf einer anderen Party im exklusiven Party-Keller von Nuschi, die eigentlich Marina heißt, tanzt ein Klaus aus Miesbach mit ihr. Als es dunkler wird, zieht er das Mädchen noch näher heran und schmust ein wenig mehr an sie und um sie herum. Dieser Klaus wird der erste Klaus in ihrem

Leben. Aber das weiß sie noch nicht. Jetzt erst mal wird nach der Schule lange telefoniert. Am Freitag kommt er mit dem Wagen seines Vaters, der ihm das Auto großzügig leiht. Es geht ins Kino und danach in die Weissachauen, wieder zum schmusen, und küssen und sooo … sie ist verliebt. Jedenfalls glaubt sie das. Im Winter fahren sie zusammen Ski. Das Mädchen fährt besser, schneller, eleganter. Das gefällt ihm nicht so sehr. Dazu die vielen Wochenenden, an denen sie in Bayern bei Jugend-Skirennen startet. Da guckt er nach der Nuschi, die ist verfügbarer und außerdem auch höchst attraktiv. Maria hat Liebeskummer, nicht den letzten in ihrem Leben.

Inzwischen hat sie sich im letzten Ski-Winter nach „oben gefahren". Die Trainings-Tage, die ihr die Mutter auf der Zugspitze bereits im November ermöglicht hat, zahlen sich aus. Wie überhaupt die Mutter alle sportlichen Aktivitäten ihrer jüngsten Tochter unterstützt. Später wird sie sagen: „Meine Mutter hat mir immer das Gefühl gegeben, dass ich alles darf- und dass sie mich liebt". Maria bekommt schon mit 12 Jahren Reitunterricht, darf Tennis erlernen und geht mit der Mutter in die Berge. Wenn nicht die langen Zeiten gewesen wären mit den Franziskas, Reginas oder Theresen. Weil die Mutter in Rom oder Florenz, in Paris oder Berlin in Sachen Mode aktiv und sehr erfolgreich war. Inzwischen hat sie der Verleger Hermann Heilmaier eingestellt, als Leiterin der Moderedaktion der „Madame", einer monatlichen Gesellschaftszeitschrift. 25 Jahre wird die Mutter die Moderedaktion leiten. Bei den Haute Couture Schauen von Dior oder Chanel in Paris genauso in der ersten Reihe sitzen, wie bei der Alta Moda von Ferragamo oder Valentino in Florenz und Rom. Manchmal kommen die „Heilmaiers" auch zum Essen ins Haus in Rottach-Egern. Da formuliert der erfolgreiche Verleger beim Anblick des im Körbchen vor der Ignatius-Figur heftig schnarchenden Dackels „Mufti" so treffend; „Der schlaft einen naus …" Und damit gehen die Gäste.

Aufstieg in die Mannschaft

Größer könnte ein Kontrast gar nicht sein: hier die elegante Mode-Journalistin, die immer nur mit zum Kostüm passenden Handschuhen Auto fuhr und dort die Skifahrerin, Bergsteigerin, Reiterin. Vor lauter Sport vernachlässigt Maria die Schule. Fällt in der fünften Klasse durch und landet wieder bei ihrer Freundin Brella. Trostpflaster. Gemeinsam wie schon n der ersten Klasse in der letzten Bank, gackernd, lachend, nicht dem Unterricht folgend und mit dramatisch schlechten Noten, fallen beide in der sechsten Klasse jetzt gemeinsam durch. Für Brella ärgerlich, aber kein echtes Problem. Anders für Maria. Denn laut Schulregeln darf man in einem Schul-Quartal immer nur einmal durchfallen … und nicht zweimal. Jetzt musste sie dann doch mit der Mutter reden. Die nie wirklich genau wusste in welche Klasse ihre Tochter gerade ging.

Inzwischen war sie bei den Bayerischen Jugendskimeisterschaften an die Spitze gefahren. War zum nächsten Trainingslehrgang der National-B-Mannschaft auf die Zugspitze eingeladen. Damit konnte sie dann den Schuldirektor überreden, sie noch einmal wiederholen zu lassen. Mit dem heiligen Versprechen, endlich mehr für ihre Schulnoten zu tun. Im Gegensatz zu vielen anderen guten Skifahrerinnen im Kader schaffte es das Mädchen aber nie am Abend noch in die Schulbücher zu schauen. Lieber auf und davon mit Freundin Katrin Neureuther und einigen Spezln aus dem Herren-Team. Das konnte kaum gut gehen. Erstaunlicherweise haben weder ihre Mutter noch ihr Vater jemals etwas zu den Schulnoten gesagt. Ihre Zeugnisse hat sie immer von der Therese unterschreiben lassen, mit dem Hinweis dass die Eltern nicht da sind. Ihre Verweise und gar Arrestzettel, die sie gesammelt später mal ihren Kindern zeigen wird, unterschrieb auch die Haushälterin. Wenn dann der Klassenlehrer mal beim Elterntag um den Besuch der Mutter oder des Vaters ansuchte- dann kamen schnell ein paar Tränchen: „Die Mami ist zur Zeit in Florenz, oder in Rom, das weiß ich nicht genau und mein Papi lebt in München, der kann nicht kommen". So geschah es, dass die Eltern nie, kein einziges Mal, während der überlangen 11jährigen Schulzeit des Mädchens das ehrwürdige Gymnasium im Benediktinerkloster Tegernsee betraten. Erst bei der Abiturfeier in der wunderbaren Aula, ausgestaltet von den Gebrüdern Asam und der begnadeten Vergolderin, ihrer Mutter Asam, da schritt die Mutter im Winklerschen Trachtenkostüm die breiten Steintreppen des Klosters hinauf zur Aula. Maria durfte sich anlässlich des Abiturs auch ein neues Trachtenkostüm beim Kreuther Schneider der

Wittelsbacher machen lassen. Sie wollte nicht wieder einen hellgrauen oder dunkelgrauen Loden, nein sie wünschte sich einen beigen Loden. Und wähnte sich damit alleine bei der Abitur-Feier. Aber- von wegen: die Mutter ihres Klassenkameraden Guido von Henkel-Donnersmarck hatte wohl den gleich Gedanken und trug das identische Trachtenkostüm. Beide lachten sich an. So ein Zufall … die Abitur-Zeugnisse waren ja soviel wichtiger.

Schon in der vierten Volksschulklasse noch drüben in Rottach-Egern hatte sie vieles über das Kloster Tegernsee gelernt und es ordentlich in die hellgrünen Heimatkundehefte mit Tinte und Farbstiften eingetragen: „Vor rund 1200 Jahren herrschte der Frankenkönig Pipin. An seinem Hofe lebten die Grafen Ottokar und Adalbert von Bayern. Ottokars Sohn Rochus wurde von Pipins Sohn beim Schachspiel aus Jähzorn ermordet. Der Tod seines Sohnes schmerzte Ottokar so sehr, dass er mit seinem Bruder Adalbert in die Einsamkeit zog. So gründeten sie im Jahr 746 das Kloster Tegernsee". Sie notiert, dass der Neffe Uto die Reliquien des Märtyrers Quirinus aus Rom brachte, dass das Kloster immer reicher wurde und 11000 Höfe und 22 Salzpfannen sein eigen nannte. Sie schreibt von den Ungarneinfällen, von der Aufhebung des Klosters mit der Säkularisation 1803 und dass es heute dem Wittelsbacher Herzog Ludwig gehört. Den Ostflügel vermietet er an das Bayerische Kultusministerium als Gymnasium, den Südflügel als Albertinum und Internat für katholische Jungen. Die Heimatkundehefte wird sie ein Leben lang bei sich behalten und immer mal wieder gerührt betrachten.

Wenn sich der Vater als Erzieher fühlt

Ganz selten kommt es vor, dass der Vater nicht am Montag morgen mit der Mutter zurück nach München fährt. Höchstens, wenn er noch einen Arzttermin bei seinem Hausarzt, dem Nachbarn Dr. Schiller vereinbart. Dann hatte er wohl das Gefühl, sich mal richtig um seine inzwischen pubertierende Tochter kümmern zu müssen. Die dann nach dem von Therese wunderbar zusammen gekochten „Restl-Essen" noch am Tisch bleiben soll. Der Vater zieht einen Zettel aus seinem Jackett, setzt die Brille auf und liest vor: „Gestern hast Du das Licht draußen im Hof nicht ausgemacht, am Freitag stand Dein Fahrrad noch draußen und nicht in der Garage, am Sonntag, wenn Deine Mutter und ich Mittagsschlaf machen, wäre es schön, wenn Du nicht so laut die Haustüre zufallen lassen würdest ... und und und." Maria hasst diese Vorwürfe und Listen ihrer Untaten, sie stellt auf Durchzug, verspricht Besserung und trollt sich so schnell sie kann wieder die Treppe hinauf in ihr Zimmer. Telefonieren mit einer Freundin geht jetzt auch nicht, das einzige Telefon im Hause steht im Wohnzimmer und der Zweitapparat in Mutters Büro. Grummelnd macht sie sich an ihre Hausaufgaben, um schnell auf ihrem Fahrrad zu einer Freundin abdüsen zu können. Morgen ist wieder alles gut, da nimmt die Mutter den Vater wieder mit in die Stadt und Ruhe ist. Vater und Tochter haben einfach nicht viel miteinander geredet. Dabei hätte es viele spannende Themen gegeben, die das Mädchen erst viel später in den Chroniken der Großmutter, also in den Folianten der Mutter ihres Vaters findet. Die eigene Mutter ist in Bezug auf ihre Familie und vor allem wenn es um den geliebten Vater geht gesprächiger. Weniger, wenn sie von sich erzählen könnte. Maria zum Beispiel wird nie herausbekommen, warum die Mutter einst ihre Zwillingsmädchen im Alter von drei Jahren in Bäck am Hof bei der Großmutter Angelina zurück gelassen hat. Etwas, was ihr vor allem Annette ein Leben lang nachgetragen wird. Sie verließ ja damit auch ihren jüngeren Ehemann Hanni, der dann bald in den Krieg eingezogen wurde. Den sie vier Jahre vorher bei einer fröhlichen Bauernhochzeit im Schalk geheiratet hatte. Durch ein Spalier von Ski sind die beiden aus der Gmunder Kirche gegangen. Aus Ski, weil der Hanni damals schon im ADH, im Akademischen Deutschen Hochschulverband, Skirennen gefahren war. Warum verlässt eine Mutter ihre Kinder? Maria wird das immer unverständlich bleiben. Ein einziges Mal nur spricht „die Mami" über diese bittere Zeit. Gesteht, dass sie damals selbst im siebten Monat schwanger gewesen sei. Mit einem Jungen, der in Stuttgart zur Welt kam, aber nur sechs Monate lebte. Sie wurde dann später „Schuldig geschieden". Das gab es noch damals im Scheidungsrecht. Wegen böswilligen Verlassens. Und durfte die Zwillinge immer nur alle zwei Wochen am Sonntag Nachmittag am Bahnhof in

Schaftlach sehen. Dorthin wurden sie von ihrer Kinderschwester gebracht. Erst ihr damaliger Freund, der spätere Vater Marias, mit dem sie ja bis zur Hochzeit schon sieben Jahre zusammen war, der schaffte es zwischen der Bäck am Hofer Großmutter Angelina und der „fahnenflüchtigen" Schwiegertochter Margarete wieder einen besseren Kontakt herzustellen. Der dann sogar darin gipfelte, dass das dritte Kind der Mutter, die kleine Maria, im Alter von 10 Monaten in der hübschen Kapelle im Garten von Bäck am Hof getauft wurde. Taufpatin: die Zwillingsgroßmutter Angelina. Ihr Sohn, der Vater der Zwillinge war inzwischen im Krieg im Kaukasus ums Leben gekommen. Eines erzählte die Mutter später aber dann doch ihrer dritten Tochter, ein wenig verklärt, mit einem liebevollen Lächeln: „Mit Hanni habe ich mich dann wieder gut vertragen, wir wollten uns auch wieder zusammen tun, nach dem Krieg, wenn er zurück kommt". Kam er aber nicht.

Dass die Zwillings-Schwestern ein Leben lang darunter gelitten haben, von ihrer Mutter so früh verlassen worden zu sein, das kann Maria später gut verstehen. Sie war wenigstens nicht verlassen worden, wenn auch viel allein gelassen.

Das Fotografieren war ihre Freude. Jetzt endlich Farbfotos, im Format 6mal6. Vom Dackel Mufti, vom ersten Schnee auf dem Wallberg, dem Risserkogel. Viele Fotos, auch aus der jetzt beginnenden Zeit der Parties. Im ganzen Landkreis sind die Freundinnen und Freunde verstreut, die sie einladen. Ohne Führerschein oft ein logistisches Problem. Aber viele der älteren Verehrer dürfen schon fahren. Der Wastl aus der Parallelklasse in Tegernsee hat zwar auch noch keinen solchen Wisch … aber in der Schule flüstert er seinen besten Freundinnen und Freunden zu: „Ich hole euch heute Nacht mit dem Auto ab, meine Eltern sind nicht da und wir fahren mal rund um den See – okay?" Maria grinst, bei ihr ist es kein Problem nachts abzuhauen. Sie ist längst umgezogen aus dem vorderen Süd-Zimmer mit der hohen Balustrade vor der Loggia. Das Nordzimmer im Haus hat einen niedrigeren Balkon. Sie steigt einfach drüber, lässt sich runter auf den unteren Balkon und springt in den Hof. Die Therese schläft immer fest, jedenfalls hat sie noch nie was gesagt, wenn das Mädchen nicht zuhause war. Der Wastl fährt also ganz leise vor, Maria kauert schon draußen vor der Garage und die Fünfer-Bande mit dem Fahrer ohne Führerschein startet zur nächtlichen Tour. Es ist aufregend, lustig, spannend. Erfreulicherweise kommen sie alle wieder gut am Morgen nach Hause. Sie schlafen sich dann alle in der Schule aus: den Kopf auf dem Schulranzen, der liegt auf dem Pult. Walbi, die Klassenkameradin, kreiert dazu den wunderbaren Spruch: „Ich schlafe ein, ich schlafe aus …" In der Erinnerung hat sich keiner der Lehrer beschwert.

Inzwischen kommt in Deutschland endlich die „Pille" auf den Markt, ein zusätzlicher Befreiungsakt für die Frauen weltweit. In Jerusalem wird der SS-Sturmbannführer Adolf Eichmann zum Tode verurteilt und die großartige Philosophin Hannah Arendt schreibt über den Prozess in der New York Times. Dank des interessierten und klugen Deutsch-Lehrers Alfred Renz wird auch das in der Schule diskutiert. Ebenso wie die Wahl von John F. Kennedy, der als erstes gegen die Rassendiskriminierung in den USA vorgehen will.

Ab in die Gesellschaft

Inzwischen haben die Eltern wohl das Gefühl Maria ein wenig in die Gesellschaft einführen zu müssen. Raus aus den Jeans und Pullis, runter von den Bäumen und vielleicht mal auf einen Ball. Die Mutter jedenfalls ist immer todschick herausgeputzt, trägt die edelsten Modekreationen, wenn zu Beginn der Faschingssaison in München im Januar als erstes der Madame-Ball stattfindet. Der große Gesellschaftsball ihrer Gesellschaftszeitschrift. Das Mädchen ist 15 Jahre und hat natürlich kein Abendkleid. Dafür hängen bei ihrer großen schönen Schwester Hannelore um so mehr im Schrank. Sie leiht der kleinen Schwester ein beiges Spitzenkleid mit Korsage. Wo ihr die Mutter aber dann doch noch Träger dran näht, damit das Oberteil nicht irgendwann beim tanzen ihre sprießenden Brüste herausspitzen lässt.

Für das Mädchen wird es ein langweiliger Abend, auch wenn die weltberühmte Josephine Baker auftritt, allerdings leider nicht in ihrem berühmten Bananen-Rock. Die Eltern elegant im Abendkleid und Smoking, die Mutter immer wieder glücklich und strahlend auf der Tanzfläche, der Vater guckt eher zu und flirtet gerne mit attraktiven jüngeren Damen. Sie gehen um fünf Uhr früh nach Hause in die Wohnung des Vaters, die Tochter müde im Schlepptau. Sie freut sich jetzt schon wieder auf ihr

„Landleben", aber macht ihrer Mutter damit nie viel Freude. Weil die leidenschaftliche Modefrau ihr viel lieber eine elegante Garderobe anziehen würde, als die „Uniform" aus Pullis und Jeans. Das Mädchen verschenkt oft heimlich ihre schönen Kleidchen, Röcke und Blusen, tauscht gar einen Petticoat mit der ergatterten Rechnung in einem Modegeschäft um, und kauft sich für das Geld einen Cowboyhut, einen Plastikcolt und den dazu passenden Gürtel. Die Mutter sagt dazu nichts, und hat es vielleicht auch gar nicht bemerkt. Oder sie ist grundsätzlich tolerant mit den Eigenheiten ihrer jüngsten Tochter.

Im Winter folgt Skirennen auf Skirennen. Die inzwischen 16jährige ist unter der Woche kaum noch in der Schule. Mit sechs Paar Ski im schweren Skisack ist sie unterwegs. Der Skiverband organisiert die Transfers. Wenn sie Sonntag-Abend nach Hause kommt und ihr die Mutter wiedersehensfroh entgegen geht und fragt: „Na, wie war's? Bist Du gut gefahren?", murmelt sie manchmal unfreundlich „Kannst Du morgen in der Zeitung lesen ..." Überhaupt ist sie in dieser Zeit nicht nett mit ihren Eltern. Auch wenn ihr die Mutter stets das Gefühl gibt, sie sehr lieb zu haben. Ihre Schwester Annette wird sie oft schimpfen, wenn sie so unwirsch und grantig zu ihrer Mutter ist. Denn eines ist ihr damals gar nicht so bewusst: sie genießt alle Freiheit dieser Welt. Ihre Freunde werden, wenn sie sie am Freitag Abend ins Kino abholen, vom Vater herein gebeten, es wird ihnen ein Glas Wein oder Bier angeboten und sie werden in freundlichen Smalltalk verwickelt. Es kommt vor, dass es dann zu spät wird fürs Kino, und nur noch zwei, drei Stunden bleiben um oben in der Weinkneipe „Beim Moschner“ zu sitzen. Aber das Mädchen weiß auch, dass sie unter der Woche wieder vollkommen frei ist und kaum irgendwelche Zeiten einhalten muss. Manchmal schwindelt sie auch, und erklärt dem Verehrer, sie müsse jetzt heim, denn die Eltern würden auf sie warten. Was, so hoffte sie, einen guten Eindruck machen würde …

Dann endlich: der heiß ersehnte Führerschein. Die Mutter erlaubt Fahrstunden bevor sie 18 Jahre alt ist. Der Vater hat sich sogar Zeit genommen und hat ihr auf weit entfernten Feldwegen sein Auto überlassen und ihr die wichtigsten Dinge beim Autofahren erklärt. Vorwärtsgang, Rückwärtsgang, wie sensibel kuppelt man ein damit es nicht ruckelt. Dabei erzählt er ihr auch von der lustigen Wette zwischen ihm und seinem Freund Edi Sohler: „Wer es schafft, ohne das Lenkrad zu berühren, nur mit den Oberschenkeln zu lenken und unfallfrei von München nach Rottach zu fahren, gewinnt 100 Mark“. Der Vater hat gewonnen und liebt es von dieser frechen Wette immer wieder zu erzählen. Jedenfalls absolviert Maria 15 Fahrstunden und dann erfolgreich die Prüfung. Den Führerscheint legt sie zuhause auf die Kommode, auf der normalerweise am Wochenende auch Papiere und Zeitungen vom Vater liegen. Als der Vater den Führerschein sieht, mahnt er die Mutter: „Hier liegt Dein Führerschein, nimm ihn zu Deinen Sachen in die Handtasche, der gehört nicht hierher.“ Leicht genervt antwortet ihm die: „Ich habe meinen Führerschein in meiner Handtasche und nicht dort auf der Kommode, der gehört mir nicht …" So sehen sich beide den Schein genauer an- und gratulieren ihrer Tochter. Die freut sich über die gelungene Aktion. Plant aber bereits, wie sie dem Vater immer wieder mal sein Auto abluchsen könnte: Nach der Schule mit dem Zug aus Tegernsee nach München, dort beim Vater das kleine rote Cabrio ausleihen, hoch und heilig versprechen, es in einem Tag wieder zu bringen … und so fort. Immer wieder mal, Monat für Monat, bis der Vater, zum einen freiwillig und aus Altersgründen seinen Führerschein abgibt und der Tochter das Auto überlässt. Geschafft. Autobesitzerin. Vor allem auch, damit sie ihre Freundin Brella im fernen Neuhaus am Schliersee öfter besuchen kann. In die Schule fährt sie nicht mit dem Auto. Das war ihr irgendwie peinlich … Brella fährt schon mit ihrem kleinen Mini in die Schule. Von Neuhaus ist es auch viel weiter und der Bus geht immer schon um 6.30 Uhr in der Früh.

Bei Brellas Eltern fühlt sich Maria wohl, angenommen und fröhlich. Der Vater erzählt viel von seinen Filmprojekten, er ist Filmproduzent. Gewinnt sogar einmal den Oscar für die „Blechtrommel". Den ganzen Tag erklingt im Haus in Neuhaus klassische Musik. Die Mutter ist zwar einerseits Unternehmerin in Nordbayern. Außerdem erfolgreiche Galopp-Rennreiterin mit einem eigenen Stall von acht Pferden. Aber zuhause anscheinend auch gerne Hausfrau. Sie wuselt in der Küche und führt einen sehr gepflegten Haushalt. Das Mädchen aus Rottach lernt da viel über Esskultur, wie man Hemden-Biesen bügelt und welche Gläser zu welchem Wein gehören. Ihren eigenen Eltern war das nie so wichtig. Obwohl der Vater doch aus der Schüssel-Passage stammte, seine Eltern sowohl in der Maria-Theresia-Strasse, als auch auf Schloß Schönwörth und auf dem Obernauerhof gepflegte Gastlichkeit lebten. In Rottach passte auch oft das Geschirr gar nicht zusammen – Maria nahm sich früh vor, dass das bei ihr in einem Haushalt nie so sein würde.

Oben im kleinen, gemütlichen Zimmer der Freundin Brella reden die beiden aber nicht über Haushalt, sondern eher über Schulnoten, über die Klassenkameradinnen und seit neuestem auch über Verehrer oder „Spezln". Nach einigen anderen „Versuchen" haben die beiden zeitgleich einen neuen Freund: Maria hat sich mit Klaus zusammengetan (immer wieder wird sie in ihrem Leben bei einem Klaus landen) und Brella liebt Micha. Beide Männer wohnen in Rottach. Das ist für Maria aus Rottach einfach, aber damit Micha seine Brella besuchen kann, marschiert er abends zwei Stunden mindestens über die Bodenschneid und steigt dann hinunter nach Neuhaus ab. Seine Eltern finden das gar nicht toll. Aber Micha lässt sich nicht beirren in seiner Liebe zu Brella. Seine Schwester Nuschi- das ist die, die früher mal dem Mädchen einen Freund ausgespannt hatte, – die ist auch nicht glücklich über die Freundschaft ihres Bruders und verpetzt ihn, wo es geht … schwierige Zeiten. Stundenlange Telefonate. Tränen und Wut. Da ist einfach alles dabei.

Viele Berggipfel mit Klaus

Mit dem Rottacher Klaus geht Maria jetzt gerne in die Berge. Beginnt zu klettern. Sie hat jetzt zwei Paar Bergschuhe. Ein ordentliches Paar, mit dem sie zuhause weggeht. Das andere mit heftig zerkratzten Kuppen zum Klettern. Was ihr die Mutter verboten hat. Dieses Paar versteckt sie bei der Mutter ihres Klaus. Die überhaupt sehr herzlich und freundlich ist zur Freundin ihres jüngeren Sohnes. Die beiden klettern bis zum vierten Grad, mehr schafft sie nicht, mehr traut sie sich nicht. Aber immerhin. Abseilen im Dülfer-Sitz geht dagegen super gut. Denn bei dieser Methode eines früheren Bergsteigers nutzt man lediglich die Reibung des um den Körper gelegten Seiles ohne fremde Hilfsmittel. Es macht Maria immer richtig Spass wenn sie auf diese Art die Felswand hinunter gleitet. Und sich mit den Füssen dabei am Felsen abstoßen kann. Einmal übernachten sie und Klaus auf einer Matte und im Schlafsack hoch oben auf dem Plankenstein. Vorher waren sie die Nordwand rauf geklettert. Den Sonnenaufgang wird sie nie vergessen, wenn die dunklen Berge plötzlich leuchten, bis hinüber in die Dolomiten. „Das Glück is a Vogerl", wird ihr später mal ein guter Freund verraten. Das war Glück.

Klaus' Vater arbeitet beim größten Heizungs- und Lüftungsbauer am Ort. Die Familie war fleißig und hat sich ein schönes oberbayerisches Haus zusammengespart. Die Mutter vermietet im Sommer Gästezimmer und so kommt immer noch ein wenig mehr Geld herein. Klaus hat nach dem

Hauptschulabschluss ehrgeizig noch einiges draufgelegt: die Mittlere Reife, dann das Fachabitur nach einer Lehre. Jetzt studiert er in München am Polytechnikum und arbeitet in den Semesterferien bei Rohde & Schwarz einem technischen Unternehmen. Er ist super in Mathe, erklärt Maria jetzt die schwierigsten Aufgaben und vor allem und für alle Fotografen-Zeiten: den wichtigen Zusammenhang zwischen Blende und Zeit. Er bläut ihr aber auch ein: „Mach Dich unabhängig von Deinen Eltern, geh Deinen eigenen Weg, verdiene Dein eigenes Geld."
Das fällt auf fruchtbaren Boden. Auch die Mutter lebt ihr das ja vor. Das mit dem unabhängigen Leben vom Vater, das mit dem eigenen Geld.

Wie es ist, als Frau ohne Beruf und ohne eigenes Einkommen erlebt sie hautnah an der eigenen Schwester Hannelore. Die blonde und hübsche ist ja verheiratet mit dem Verlegersohn Rolf. Sie hat zwei Kinder: Johannes und Betina. Wenn die Familie einen Ausflug macht, darf sie mit den Kindern nicht in den großen Wagen des Vaters einsteigen, sondern fährt mit ihrem kleinen hellblauen VW-Käfer hinterher. Die Kinder könnten ja bröseln, schmutzen, etwas kaputt machen. Das bekommt die kleine Schwester in Rottach immer nur so am Rande mit, was sie aber ziemlich empört. Wie sie immer auf Seiten ihrer attraktiven, großen Schwester steht. Unvergessen ist ihr auch, als diese Hannelore eines Tages, es muss 1965 gewesen sein, in ihrem hellblauen VW auf den Hof in Rottach fährt. Ihre linke Hand aus dem Fenster gestreckt, winkelnd,

lachend und laut rufend: „Ich hab sie, ich hab sie …"
Was hatte sie? Die Anti-Baby-Pille. Endlich. Für
Millionen Frauen auf dieser Welt eine Befreiung.
Jetzt aber auch für Maria und ihre große Schwester.
Sicherheit. Keine monatlichen Ängste mehr, kein
Beten mehr in der Kirche, wenn die monatliche
Blutung sich verspätete. Das wird Maria ihrer
Schwester ein Leben lang nicht vergessen.
Als Hannelore mit den Kindern an die Adria in
Urlaub fahren will, kommt das Mädchen mit. Um
die Kinder zu betreuen, dann um ihre Schwester ein
wenig aufzumuntern. Die Ehe ist und bleibt
schwierig. Einmal fährt die Schwester auch nach
Hause zu ihrem Mann nach München-und entdeckt
in ihrem Kleiderschrank Kleider einer anderen Frau.
Das ist das Ende, sie zieht aus- und wird wegen
böswilligen Verlassens geschieden. Dieses Gesetz
gab es immer noch. Viele Frauen-Demonstrationen
später wird das erst verändert zu der faireren
Formulierung „im beiderseitigen Einvernehmen".
Maria wird später ihren Eltern Vorwürfe machen:
„Warum habt ihr Hannelore nicht einen guten
Anwalt besorgt, wie kann es sein, dass ihr Mann
plötzlich nicht mehr der Besitzer des Verlages ist,
sondern seine Eltern? Wie kann es sein, dass sie
ganze 30 000 Mark als Abfindung erhält, nach zehn
Jahren Ehe?"
Hannelore hält sich tapfer, zieht mit den Kindern in
eine schöne Wohnung am Bavariaring und lernt
einen netten HNO-Arzt kennen: Werner, aus Pirna
bei Dresden. Werner und Klaus finden als
Kletterfreunde zusammen und Hannelore heiratet
bald ihren besonders gut aussehenden Arzt. Der

Stiefvater, von Hannelore immer liebevoll „Steppi"
genannt, richtet die Hochzeit aus. Wie der Stiefvater
und Vater Schüssel später insgesamt fünf
Hochzeiten ausrichten wird, drei der zwei
Stieftöchter und zwei der eigenen Tochter. Da hat er
sich nie lumpen lassen, da ist er großzügig.
Hannelores Hochzeit wird ein großes Fest in
Rottach-Egern und Maria ist zusammen mit ihrer
Freundin Brella „Brautjungfer", beide gleich
angezogen im schönen hellrosa Seiden-Dirndl, von
der Rottacher Schneiderin Resi Wallner gefertigt. In
der Münchner Abendzeitung wird in der
Gesellschaftskolumne dann stehen: „Brautjungfern
waren die Skirennläuferin Maria Schüssel und die
Rennreiterin Gabriele Seitz." Der Modefotograf
Michael Doster hält das Hochzeits-Ereignis in tollen
Fotos fest. Auch in einem berührenden Bild der
beiden Kinder aus Hannelores erster Ehe: der
größere Hannes hält seine kleine Schwester Betina
liebevoll an der Hand, als sie in die evangelische
Kirche in Rottach einziehen. Beide ein wenig
unsicher, auch über das, was da jetzt auf sie
zukommt. Das frisch getraute Paar zieht mit den
Kindern nach Bäck am Hof. Die Kinder kommen
jetzt auch auf's Land. Hannelore kauft ihrer
Zwillingsschwester Annette den Hof ab und baut ihn
großzügig um. Die, inzwischen auch geschieden,
zieht in das Nebenhaus. Wo das Geld herkommt?
Von der Bank, eine immense Hypothek …
Auch Klaus feiert mit, mit der ganzen Familie seiner
Freundin. Der Bräutigam und er gehen später große
und anspruchsvolle Bergtouren und Kletter-Routen
in den französischen Alpen, bei denen Hannelore in

größter Angst zuhause sitzt. Aber die beiden kommen immer wieder gesund heim.

Ein Beinbruch ändert das ganze Leben

Der Herbst dieses Jahres ist wieder eine intensive Vorbereitungszeit auf den Skiwinter. Bergsteigen, am besten mit Teleskopstöcken und Steinen im Rucksack, Ausdauertraining und Gymnastik in der Sporthalle. Da kommt eines Abends der damalige Star der Nationalmannschaft herein, die Barbi Henneberger. Aber irgendwie nimmt sie keiner richtig wahr. Keiner redet mit ihr. Irritiert schaut sie sich in der Halle um, die Mädchen rennen gerade im Dauerlauf um die Halle herum. Sie umschlingt mit beiden Händen den Oberkörper, reibt sich warm und sagt nur ganz laut: „Kalt ist's in Europa" … die Mannschaftskolleginnen sollten begreifen, dass sie gerade aus Amerika kam. Hat aber nicht richtig gewirkt.
Dann Training auf der Zugspitze. Jeden Tag Slalom fahren. Von morgens 9.30 Uhr bis etwa 12.30 Uhr, und ab 14 Uhr wieder bis ca. 16 Uhr. Rund um und am besten ganz eng um rote und blaue Holzstangen. Plastik gab es damals noch nicht. Hans Peter Lanig fungierte als Trainer- in Squaw Valley hatte er im Abfahrtslauf Silber gewonnen. Als Trainer aber bekam er von den rund 15 Mädchen nicht unbedingt eine Medaille. Sein Ton rüde, wenig freundlich. Die Mädchen freuten sich alle wie verrückt auf die nächste Trainingsetappe in St.Moritz. Da würden dann auch andere DSV-Trainer dabei sein. Und dort,

so versicherten es die älteren in der Gruppe, würde auch Maria wieder besser fahren können. Sie steht gut auf dem Ski, ist auch in ihrer schwächsten Disziplin, dem Abfahrtslauf, gut dabei und freut sich auf die ersten Rennen. Schule? Das nahende Abitur? Da denkt sie nicht daran, weiß allerdings im Unterbewussten, daß es um ihre Noten nicht wirklich gut steht.

Mit ihrem Freund Klaus gerät Maria inzwischen immer wieder aneinander. Zu viel auf den Ski, zu wenig in der Schule. Er ist oft ziemlich wütend. Noch dazu, als sie am Tag der Hochzeit seines älteren Bruders erst am Nachmittag dabei sein will. Vormittags startet sie noch in Bayrischzell auf dem Sudelfeld bei einem Abfahrtslauf des Gaues Oberland. Ein wichtiges Rennen für die weiteren Qualifikationen. Die rührende Therese bügelt das rosa Dirndl schön auf, hängt es dem Mädchen ins Zimmer, damit sie nach dem Skirennen schnell umgezogen ist und auf die Hochzeit kann. Kommt aber alles ganz anders: bis zum heutigen Tag wird Maria behaupten, daß auf einer geraden Schussstrecke, die sie in der Hocke fährt, eine Frau im roten Anorak über die Piste gelaufen sei. Das Mädchen stürzt, bricht sich kompliziert das Bein. An einer Stelle schaut sogar der gebrochene Knochen heraus. „Mare, Mare, kämpfen", schreit der Clubkamerad Lenzi. Aber die „Mare" hatte ausgekämpft.

Schmerzhafter Abtransport im Akia, man bringt sie an diesem Samstag im Personenwagen nach Gmund in die kleine Klinik eines Orthopäden. Ein Sanka stand in Bayerischzell an der Talstation nicht bereit.

Nach den Röntgen-Aufnahmen hört sie nur immer wieder: „Oh oh, oh oh …" Der am Samstag in die Klinik geeilte Arzt ist wohl etwas beunruhigt. Gebrochen waren sowohl das Waden- und das Schienbein, aber auch das Sprunggelenk. Nichts mehr mit feiern und der Hochzeit des Bruders vom Freund. Später kommt der Klaus dann noch ans Krankenbett, sie liegt im damals üblichen Streckverband. Hat Schmerzmittel bekommen und sieht nur, dass mit zwei Drähten unten durch die Ferse und oben unter dem Knie der Bruch gestreckt wurde und so zusammen wachsen und heilen soll. Die alte, bewährte Methode des Streckverbandes. Solche Brüche wurden damals noch nicht operiert. Leider. Darum wird sie ein Leben lang mit den Folgen ihres zertrümmerten Sprunggelenks zu tun haben.

Klaus ist nicht so mitleidsvoll, wie sich die Verletzte es sich gewünscht hätte. Er reagiert eher ambivalent: „Wenn Du gleich mit auf die Hochzeit …" Aber dann ist er doch voller Mitgefühl. Sie hat immer noch üble Schmerzen und bekommt am Abend sogar Morphium. Das wird so die ganzen kommenden zwei Wochen weitergehen. Bis sie mit einem langen Oberschenkelgips und Krücken nach Hause darf. Ihre Freundin Brella kommt auch gleich nach dem Unfall auch ans Krankenbett und ruft Maria's Vater in München an. Der wiederum seine Ehefrau, die Mutter, in Florenz erreicht. Aber beide schaffen es nicht nach Gmund zur Tochter. Sie fühlt sich ganz schön allein gelassen. Erst fünf Tage später kommt die Mutter. Die aber anscheinend mit einer kranken Tochter nicht viel anzufangen weiß: „Du, ich muss auch gleich wieder weg, die Therese wartet mit dem Essen …“ So war das. Aber als das Mädchen dann mit ihrem hohen Gips nach Hause kommt, mit zwei Krücken und der Auflage, ja nicht den Fuß zu belasten, lässt ihr die Mutter als erstes eine heiße Badewanne ein. Die erste nach dem Unfall. Packt den Gips in Plastik und legt einen Eimer umgekehrt in die Badewanne für den Fuß. Es wird das schönste Bad für immer für das Mädchen bleiben … Außerdem entdeckt sie, wie hübsch doch ihr eigenes Zimmer im Haus in Rottach ist. Sie sieht die vielen Reiter-Schleifen, festgepinnt an einer Schranktüre aus den erfolgreichen Reiterzeiten. Freut sich an dem Riesen-Foto des Skifahrers vor dem Matterhorn. Genießt den Blick aus dem Bett direkt hinauf auf den Wallberg und im Frühjahr auf die ersten Geranien vor ihrer Loggia. Die ihr sowieso meist alleine gehört, denn in all den Jahren hat sie nie erlebt, dass die Mutter auch nur einmal dort gesessen oder gar gelegen wäre. Die hält zwar täglich ihren kurzen Mittagsschlaf: „Einmal durchs Tal“, wird sie den Schönheitsschlaf nennen. Aber das ist ihr immer lieber mitten in der Wiese im Garten. Dort hat sie ihre Liege mit dem Schlafsack und einer Decke. Kälte hat sie jedenfalls nie gestört dabei.

Maria lernt mit den Krücken schnell die Treppen zu ihrem Zimmer rauf und runter zu gehen. Rechts am Geländer festhalten, eine Krücke in die linke Hand dann funktioniert es. Sie geht auch wieder in die Schule, endlich. Ein Taxi-Fahrdienst holt sie jeden Morgen ab und bringt sie auch wieder heim. In ihrer

Klasse ist sie dabei nicht die einzige mit Gips: Elke hat es auch erwischt und die beiden machen sich einen Spaß aus einem Wettrennen, hin und zurück entlang der langen Klostergänge mit den Krücken. Sie nennen es Krücken-Rennen. Hinfallen sollte keine. Ist auch nicht passiert. Für den Fasching verkleiden sie sich wild, malen sich an, und den weißen Gips dazu. Nach vier Monaten erst darf er ab … das Mädchen traut sich sogar mit diesem Monster am Bein auf das Fahrrad und fährt zu ihrem Freund Klaus. Inzwischen lernt sie fleißig in der Schule, die Noten werden besser, das Abitur in zwei Jahren erscheint erreichbar. Was soll sie schließlich auch sonst daheim anstellen …

Dann der ersehnte Tag: der Gips kommt ab und dafür wird ein sogenannter Gehapparat angepasst. Ab dem Knie schient eine feste Hülle das Bein und unter dem Fuß stützt ein Metallbogen. Darauf kann sie jetzt treten, ohne Krücken gehen und so das Sprunggelenk erst mal zu 25 Prozent belasten. Aber das Schönste: den Gehapparat kann sie abends ausziehen, neben das Bett legen und endlich wieder ohne das weiße Gips-Ungetüm schlafen. Das ist besonders schön, als die Eltern sie mitnehmen nach Sylt, wo der Vater vor kurzem eine kleine zwei-Zimmer-Wohnung gekauft hat. Wegen seines Asthmas fühlt er sich da oben an der Nordsee wohler. Die Mutter eher nicht. Sie kann die Insel nie leiden. Bekommt Migräne und will nichts wie heim. Aber jetzt über Ostern ist es gut für Maria. Mit dem Gehapparat kann sie ins Schwimmbad und das Bein bewegen. Die Muskeln sind nach vier Monaten Gips ganz schön zusammengeschrumpft. Zwei Wochen schwimmen in den Osterferien aber helfen und sie kommt wieder viel fitter zurück nach Rottach-Egern. Über all dem medizinischen Unbill kommen Maria und ihr Klaus nicht mehr gut miteinander aus. Er ist kaum noch erreichbar, viel in München in seiner gemieteten Studentenbude. Die Briefe werden spärlicher, die Anrufe auch. Und dann ist es aus. Sie weint nicht. Es war am Schluss auch zu unerfreulich gewesen. Und die Mutter tröstet sie: „Andere Mütter haben auch schöne Söhne ..." das ist nicht unbedingt so neu.

Eine sehr bittere Entscheidung

Reha, Sport, Training, es geht aufwärts mit dem lädierten Bein. Im August erreicht Maria wieder eine Einladung zum Nationalmannschafts-Training, diesmal im Allgäuer Walsertal. Sie will aber, bevor sie wirklich dort antritt, probieren ob es überhaupt noch geht, das Skifahren. Mit Dorle, der Schwester ihres Freundes Christoph, fährt sie auf die Zuspitze. Es ist September. Und die Lifte laufen schon. Die beiden lassen sich im Schlepplift hinauf ziehen. Dorle fährt als erste. Dann zaghaft Maria. Und – es geht. Die Schwünge kommen und sie fährt bis hinunter zur Talstation auf dem Platt. Fällt Dorle um den Hals und weint und weint. Sie kann es gar nicht glauben, dass es noch möglich ist, das geliebte Skifahren. Also sagt sie zu beim Training im Kleinen Walsertal. Was sie noch nicht weiß: dass es dort auf Grund von Schneemangel vor allem eisige, gespritzte Slalomhänge geben wird.

Mit ihrem gebrochenen Sprunggelenk, gerade ein wenig verheilt, hat sie keinen Halt auf den harten Hängen. Rutscht immer wieder ab, hinein ins nächste Tor. Dazu tut der Fuß furchtbar weh. Sie steht oft am Pistenrand und schaut den anderen zu. Ein ihr wohlgesonnener Trainer flüstert ihr zu: „Fahr hier einfach nur ein bißerl … Du wirst sehen in zwei Wochen sind wir im Pulverschnee in St. Moritz und dann ist alles vergessen …" Aber abends im Zimmer sinniert das Mädchen. Erinnert sich ihrer miserablen Noten und trifft eine für sie bittere Entscheidung: sie meldet sich aus der Nationalmannschaft ab. Packt ihre Sachen und ihre zwei paar Slalomski und fährt erst mal nach München zurück, zu Freundin Dorle. Die ist gut im Trösten. Sie selbst muss das alles aber auch noch richtig verdauen. Aber ihr Plan steht: in der Klasse setzt sie sich alleine in die erste Bank, organisiert sich einen Klassenkameraden für Mathe-Nachhilfe und hat als Ziel: ein gutes Abitur. Freundin Brella ist empört, dass sie alleine in der hinteren Bank zurück bleibt … aber Maria lässt sich jetzt nicht mehr beirren. Gute Noten sind das Ziel. In zwei Jahren dann hoffentlich nachlesbar in ihrem Abi-Zeugnis.

Pizza in Trastevere mit der Klasse

Ihr Lehrer in Deutsch und Geschichte schafft es immer wieder die Klasse zu motivieren: jetzt freuen sich alle wie verrückt auf eine Klassenreise nach Rom. Studienfahrt genannt, ein Jahr vor dem Abitur. Im Maria's Fotoalbum sind sie alle zu finden: die Walbi, die Brella, die Susi, der Bottle und natürlich der verehrte Lehrer Alfred Renz. Die Mädchen reisen allesamt in schicken Kostümen – heute wäre das super altmodisch. Sie tragen seidene Kopftücher, wie Jackie Kennedy. Die Brella hat allerdings zu ihrem Münchner Designer-Outfit auch noch den passenden Hut auf. Whow! Mit dem Zug geht es ab Jenbach unterhalb des Achensees in Tirol in die Ewige Stadt. Sie wohnen alle in einem Kloster in Trastevere. Mit Gemeinschaftsdusche am Ende des langen Klosterganges. Nachts leiht Brella ihrer Freundin ihre eleganten ledernen Hausschuhe- die nach dem Besuch der überschwemmten Räume leider nicht mehr zu gebrauchen sind. Sehr, sehr ärgerlich … aber das war der einzige Wermutstropfen. Maria, schon damals Autorin und Chefredakteurin der Schulzeitung „Der Schweinwerfer“, schreibt später dann auch im Jahresberichtsheft der Schule: „Etwas Angst hatten, glaube ich, alle vor den vielen zum Teil unbekannten Namen, die auf unserem Programmzettel standen. Angst vor Müdigkeit, Langeweile und endlosen Vorträgen. Doch diese Furcht war unbegründet. Herr Renz und Herr Dr. Wüst, der zweite begleitende Lehrer, verstanden es sehr gut, in uns Begeisterung für die stummen Zeugen einer glanzvollen Vergangenheit zu wecken.“ Nach einer ausgiebigen Weinprobe in Frascati geht es wieder heim an den Tegernsee. Mit wochenlanger Nacharbeit der Erlebnisse im Schulunterricht. Und dem wunderbaren Gefühl, etwas erlebt, gesehen zu haben, was keiner mehr je vergessen würde in seinem Leben.

Das Gymnasium Tegernsee im Benediktinerkloster besitzt aber noch eine weitere Attraktion auf der Westseite in Richtung Sees: das Bräustüberl. Den Schülern war es streng verboten während der Schulzeit dorthin zu gehen- ein Verbot an das sich keiner hielt. Ganz im Gegenteil: in jeder freien Stunde treffen sich dort die Klassenkameraden. Auf ein kleines Helles, oder manchmal auch ein großes, das war dann ja ein halber Liter Bier. Am Anfang hat das Mädchen noch mitgehalten. Ihre Freundin Brella schaffte vor ihrer Bus-Heimfahrt nach Neuhaus oft zwei kleine Bier. Aber schon nach einem kleinen Hellen fällt das Mädchen zuhause in Rottach mittags meist erst mal in Tiefschlaf. Was die fürsorgliche Therese zu der Aussage gegenüber den Eltern veranlasst: „Die Oberschule ist schon recht anstrengend, jeden Mittag muss sie erst mal schlafen." Für Maria aber keine gute Option. Also überlegt sie sich wie sie, ohne an Ansehen in der Klasse zu verlieren, bei den Klassenkameraden im Bräustüberl dabei sitzen kann. Aber ohne Bier zu trinken. Limo im Steinkrügerl- das ist die Lösung. Dann sieht auch niemand, dass da kein Bier drin ist. Die Bedienung wird überredet, dass ihr die Limo nur noch im Bierkrug gebracht wird. Und mittags daheim ist sie wieder fit- zum Bergsteigen, zum Radlfahren, oder vielleicht gar zum Lernen ... alles wird gut. Obwohl das Lernen immer als letztes auf ihrer Liste steht.

Ein ganz besonderes Zentrum: Das Bräustüberl

In diesem Bräustüberl spielt sich fast das ganze soziale Leben des Tegernseer Tals ab. In den späteren Jahren kommen dann auch die Münchner dazu und die Lokalitäten werden immer größer und größer. Dort lernen auch die großen Schwestern des Mädchens zwei Geschwister kennen, deren Eltern auf der Eck zwischen dem Tegernsee und dem Schliersee einen Bauernhof besitzen. Allerdings nicht bewirtschaftet, sondern nur als Wochenenddomizil.

Später tauchen dann noch zwei weitere Geschwister auf, zwei ältere Brüder und noch viel später eine Schwester und der älteste Bruder aus der ersten Ehe des Vaters. Man versteht sich gut, man verbringt viel Zeit miteinander und das Mädchen verguckt sich in den jüngsten der Brüder. In den schon genannten Christoph. Die jeweiligen Eltern sind erfreut. Die Interessen scheinen ähnlich, die beiden stecken ihre Köpfe fest zusammen und fühlen sich wohl und eingebunden in die beiden jeweiligen Familien. Skifahren am Arlberg, und an Ostern in St.Moritz, alle zusammen. Immer eine große Bande. So kennt es das Mädchen noch nicht. Faschingsfeste in München, die Vorstadthochzeit, der „MyFairLady-Ball", veranstaltet von Schwester Hannelore. (Der Film „My fair Lady" erringt acht Oscars). Ein Fest folgt dem Nächsten. Erfreulicherweise funktioniert es auch in der Schule. Der einsame Platz in der ersten Reihe macht sich bezahlt. Die Noten werden deutlich besser. Das Abitur erscheint nicht mehr als großer, unbezwingbarer Berg. Da wird dem Mädchen außerdem immer klarer: sie will Journalistin werden. Schon die Schülerzeitung „Der Scheinwerfer" hat ihr als Chefredakteurin viel Spaß gemacht. Jetzt weiß sie: Schreiben und fotografieren ist ihr Ding. Inzwischen bekommt sie regelmäßig Aufträge vom heimischen „Seegeist" und vom Miesbacher Merkur … 15 Pfennige die Zeile. Liefert die Texte in der großen Schulpause in der Redaktion ab und saust im Dauerlauf schnell wieder zurück auf den Schulhof. Denn das Verlassen während der Schulzeit war ja streng verboten. Später sucht sie dann zuhause die gedruckte Zeitung durch und freut sich, wenn ihr Name unter oder über einem Artikel steht. Auch damit sie später bei Bewerbungen belegen kann, dass sie bereits „publiziert" hat.

Für das Mädchen beginnen gute Jahre: Christoph ist ein verlässlicher, guter Freund. In der Schule läuft es. Die Mutter nimmt sie im Juni mit nach Capri (da darf sie Schule schwänzen, die Mutter ist da unverändert gelassen). Juni deshalb, weil die Mutter im Juli und August ihre Hauptarbeitszeit bei den Alta-Moda-Schauen in Rom und Florenz hat und dann bei den Haute Couture – Schauen in Paris dabei sein muss. Außerdem trifft sich ihre Mode-Branche in dieser Zeit auf Capri. Dem Mädchen ist das nicht so wichtig. Sie springt vor den Faraglione - Felsen ins Meer, schnorchelt und crawlt, freut sich über die braunwerdende Haut und über die Spaghetti am Abend. Sie wird 19 Jahre alt. Der Weg hinunter zu den berühmten Felsen ist steil und eng, aber es geht mit dem kaputten Fuß immer besser. Auch weil es der Mutter zurück zu steil ist, nehmen die beiden nach dem Badetag in der Bucht ein kleines Schiff hinüber in den Hafen Marina Piccola. Das Highlight des Tages. Der Heimflug ab Neapel wird dann am Urlaubsende gar mit einem Hubschrauber von Capri aus angesteuert. Maria ist total fasziniert und begeistert, als der Hubschrauber über die Inselkante fliegt. Als nur Sekunden später und hunderte Meter tiefer das Meer auftaucht. Direkt unter ihren Füssen, unter der durchsichtigen Haube des Hubschraubers. Ihr bleibt schier der Atem stehen! Dann Rom, Landung zum Zwischenstopp, wo ihr ein befreundeter amerikanischer Pater die Ewige Stadt ein wenig zeigt. Er ist ein enger Freund der beiden großen Schwestern. Denn die waren an seiner Klosterschule in den Vereinigten Staaten gewesen. Dorthin hatte damals die Großmutter Angelina die gerade mal 15jährigen Mädchen geschickt.

Auf dem Rückflug – die Mutter sitzt wie immer am Fenster – erzählt sie der inzwischen großen Tochter von ihrer Schulzeit. Wie sie mit 10 Jahren schon Klassensprecherin wurde und es bis zum Schulende mit der Mittleren Reife bleibt. Dass sie ohne ihre glückliche Kindheit nie alle Probleme des Lebens so gut überstanden hätte und immer wieder die schöne Geschichte vom Vater wenn er zu ihr sagt: „Du, wir haben heute noch gar nicht richtig gelacht …“ und wie die beiden dann in schallendes Gelächter ausbrachen und die Mutter Hanna sich nur kopfschüttelnd abwandte. Maria's Mutter spielte als

Mädchen Hockey, stand erfolgreich für ihre Mannschaft im Tor und wird in der Leichtathletik Fünfkampf-Siegern. Daher ihre Sport-Begeisterung, die sie ihrer Tochter weitergeben konnte. Im Flugzeug aus Rom sitzt auch Maria Bogner, der kreative Kopf von Bogner Sportmoden. Die Mutter und sie kennen sich natürlich und das Mädchen bewunderte schon damals die gerademal 40jährige elegante Frau mit ihren schneeweißen, kurz geschnitten Haaren. Eine außergewöhnliche Erscheinung- und dazu total sympathisch. Sie bietet Maria an, doch mal für Bogner zu modeln, sie würde gut zu Bogner passen. Aber schon damals hat das Mädchen nur das Abitur im Kopf und später einen Beruf als Journalistin. Das war jetzt klar. Es hat sie dennoch geschmeichelt, dieses Angebot.

Nach dem Abitur – gleich in die Kirche

Letztes Jahr an der geliebten Schule. Geliebt, weil immer was los war, weil es nie langweilig war in diesen uralten Klostermauern. Die jetzt frisch renoviert rund 600 Schüler aus dem ganzen Landkreis Miesbach aufgenommen hatten. Es wird wohl auch so schnell nichts mehr herunterfallen in die langen Klostergänge. Nachdem einmal die Sommerferien unfreiwillig verlängert werden mussten, weil riesige Gesteinsbrocken aus den Decken herausgebrochen waren. Aber jetzt ist alles neu befestigt und damit sicher. Die 13.Klasse des Mädchens hat ein schmales Schulzimmer zugewiesen bekommen. An der Südseite, mit Blick auf den See und auf den Wallberg. Die Schüler lachen oft und fragen sich gegenseitig: „Hast Du heute schon Deine Sonnencreme aufgetragen?". Denn wenn das einzige große Klosterfenster offen steht knallt die Sonne manchmal ganz schön in das Klassenzimmer und auf die Köpfe der Schüler. Wie es der Klassenlehrer Alfred Renz hinbekommen hat, dass die Klasse eine quasi zweite Abiturreise machen durfte- das kann sich Maria bis heute nicht erklären. Jedenfalls steht fest: nach Rom im letzten Jahr (reine Bildungsreise!) soll es jetzt nach Wien gehen. Mit dem Donauschiff ab Passau, vorbei am Kloster Melk und der schönen barocken Anlage von Dürnstein. Das bringt allerdings Maria in große Konflikte. Denn sie hat sich inzwischen schriftlich an der Deutschen Journalistenschule in München beworben. Mit einem Text über die Vor- und Nachteile einer großen Koalition. Das war 1967. Ludwig Erhard gerade noch Bundeskanzler, Heinrich Lübke Bundespräsident. Genau der, der auch viele Jahre später noch mit seinen unfreiwilligen und unglücklichen Formulierungen die Vorlage für viele Witze liefern wird. Ehrlicherweise muss das Mädchen später beim Schreiben dieser Zeilen zugeben, dass ihr bei dem Text über die Große Koalition Onkel Klemens, der politisch versierte Staatsarchivdirektor, geholfen hat. Völlig unerwartet kommt dann aus München die Einladung zur mündlichen Aufnahmeprüfung. Einen ganzen Tag lang. Und ausgerechnet vom Termin her mitten drin in der Wienreise der Klasse. Soll sie jetzt gar nicht mitfahren? Oder nur bis Wien und dann zurück nach München? Zerrissen fühlt sie sich in dieser Zeit. Entscheidet bis Wien mit dabei zu sein, und dann zur Prüfung nach München zu fliegen. So schön die sommerliche Schifferlfahrt gerät, so richtig genießen kann die Schülerin das dann doch nicht. Schließlich ist ihr auch klar, dass sie sich jetzt vor allem auch politisch aktuell vorbereiten hätte sollen. Es kommt, wie es kommen muss:

Sie wird nicht aufgenommen, besteht die Aufnahme-Prüfung nicht. Aber ein „nettes" Schreiben sollte ihr wohl das „Nein" erleichtern. Es schlummert bis heute in ihrem Briefe-Ordner: „Sehr geehrtes Fräulein Schüssel, Sie lagen im Ergebnis ganz knapp gleich auf mit einem jungen Mann. Da der aber vermutlich mal eine Familie ernähren muss, haben wir ihn aufgenommen. Sollte sich aber unabhängig davon noch ein freier Platz ergeben, dann kämen Sie dran."

So, was nun? Erst mal Abitur schreiben. An Einzeltischen weit entfernt von den anderen Klassenkameraden in der Asam'schen Aula. In Mathematik, Deutsch, Religion und Sozialkunde. Die andern Fächer, vor allem die Sprachen, waren schon abgelegt. Da ging alles sehr viel besser als bei der Prüfung in München. Sie muss in keinem Fach in die mündliche Prüfung, kann mit den anderen schon voller Freude das geplante „Haberfeldtreiben" organisieren. Sie wollen sich alle schwarz anmalen, in große Lodenumhänge hüllen und mit einem Anhänger, und einem Bierfass mit lauter Musik durch Tegernsee ziehen. So wie einst die Bauern im Oberland bei ihrem meist geheimen Feme-Gericht. Die Tegernseer Abiturienten wollen natürlich die Schule und die Lehrer „anschwärzen", das gelingt dann auch als große Gaudi. Sogar im „Seegeist" erscheint ein Foto der Haberfeldtreiber.

Was aber dann? Maria schreibt sich, wie ihre Freundinnen Brella und Susi, an der Universität in München ein. Nicht in der bevorzugten Geschichte, da fehlte das Latinum, sondern in Soziologie und Politikwissenschaft. Zudem entdeckt sie die Anzeige eines Münchner Presselehrinstitutes. Das wäre doch eine Alternative zur Journalistenschule, denkt sie und lässt sich die Unterlagen schicken. Wie schon so oft und auch in Zukunft: sie plant beides zeitgleich. Was nicht immer gut ausgeht. Dabei will sie neben all dem auch ein Nest bauen, eine eigene Familie gründen. Also heiratet sie. Nicht den Christoph, das ging schon vorher auseinander, nein den Michi aus Bad Wiessee.

Ihre Eltern? Die haben nichts dagegen. Eher im Gegenteil, so scheint es Maria. Der Vater? Ist bereit eine große Hochzeit für seine einzige Tochter auszurichten, mit Frühsuppe, dann Kirchgang, dann großes Essen im Weinhaus „Moschner" in Rottach-Egern, dann Ausklang mit Musik und Tanz. 120 Gäste, natürlich die beiden Familien. Als Maria im Vorfeld der Organisation einmal beim Vater in München in seiner Wohnung sitzt, ein wenig verzagt, will er wissen, was sie bedrückt. Sie druckst herum, weil es sie „bedrückt" und gesteht, dass sie auch überlegt, gar nicht zu heiraten. Der Vater gibt sich verständnisvoll, erklärt, dass es jeder Braut so vor der Hochzeit ergehen würde und vor allem sagt er: „Wir haben doch jetzt alle Anzeigen und Einladungen rausgeschickt, das kann man jetzt nicht mehr abblasen". Es wird dann ein wirklich schöner

Tag, das Mädchen im langen weißen Dirndl mit einer rosa Seidenschürze. Die Freundin Christl macht ihr aus künstlichen Blumen ein hübsches Gesteck für das Haar. Und damit endet die Kindheitsgeschichte der Maria. Jetzt beginnt das Erwachsenenleben. Beruflich und privat. Das Berufliche will sie in einem nächsten Büchlein niederschreiben. Das Private bleibt privat. Wie wird sie später über sich selbst sagen: beruflich Profi, privat Amateur. So war es dann wohl auch …

Nachwort

Da die Autorin immer schon aus tiefster Überzeugung eine Verfechterin des „Vier-Augen-Prinzips" war, hat diese Zeilen ein vertrauter Freund gegen gelesen. Sein dringendes Petitum: da muss ein Nachwort her. Was ist aus dem Mädchen geworden, weil dies ja ein Rückblick ist. Und weil ein Rückblick auch immer eine Perspektive hat …

So, dann in kurzen knappen Sätzen: Nach dem Münchner Presselehrinstitut mit ordentlichem Abschlusszeugnis Volontariat ab 1969 beim Miesbacher Merkur/ Münchner Merkur. Wenn sie Sonntagsdienst hatte und niemanden für das erste Kind, den kleinen Flo, dann durfte er mit in die Redaktion und wurde dann notfalls auf dem Schreibtisch gewickelt. Alles kein Problem. Bis 1973 schreibt sie als freie Autorin, unter anderem für die Stuttgarter Zeitung. Dann beginnt sie als Redakteurin bei der Münchner Boulevard-Zeitung „Die Abendzeitung". Sie wird der damals berühmten Verlegerin Anneliese Friedmann vorgestellt und die liest den Lebenslauf, fragt nach: „Sind Sie verwandt mit meiner lieben Freundin Margarete Schüssel?" Maria stockt, zögert und antwortet verschwurbelt: „Entfernt". Gesteht aber später ihrer Mutter, dass sie sie da nur verleugnet hat, weil sie auf eigenen Füssen stehen will. Nach der Abendzeitung, vielen Nachtdiensten und Sonntagsschichten im Lokalen will sie etwas Neues probieren: sie fängt im Zeitfunk/Hörfunk im Bayerischen Rundfunk an. Wird ein Jahr später im Bayerischen Fernsehen in der Rundschau(zeitgleich z. B. mit Günter Jauch) beginnen. Bald kommt auch der Bayern-Report dazu. Im Radio wechselt sie erst in die Oberbayern-Redaktion, dann zu Bayern 3 und schließlich als Redaktionsleiterin und Moderatorin des morgendlichen Musikjournals auf Bayern 1 in die Wirtschaftsredaktion. Da kommt dann 1987 das Angebot im ZDF eine Frauensendung zu entwickeln und zu moderieren: ML Mona Lisa. Das wird ein

Erfolg, aber erst nach den ersten harten Jahren. 1997 beginnt Maria mit dem Ombudsmagazin „Mit mir nicht-Welsers Fälle", wechselt 2001 nach London als Studioleiterin für Großbritannien und Irland. Auf dem Flughafen Heathrow kommt das Angebot zum NDR/ARD zu gehen, als Direktorin für Fernsehen und Hörfunk im Landesfunkhaus Hamburg. Dort endet 2010 nach 41 Jahren in großen Medienhäusern die feste Zeit, und das „Dritte Leben" beginnt, so wird sie diese Zeit nennen. Sie schreibt Bücher, lehrt erst an der Universität Hamburg in der WiSo-Fakultät, dann an der Universität Paderborn in der Philosophie „Frauen-Krieg-Gewalt und die mediale Darstellung". Sieben Jahre ist sie stellvertretende Vorstands-Vorsitzende bei UNICEF Deutschland. Hält bundesweit Vorträge zu ihren Büchern „Wo Frauen nichts wert sind", „Kein Schutz nirgends-Frauen und Kinder auf der Flucht" und auch als Betroffene zu ihrem Buch „Ich habe beschlossen, dass es mir nur noch gut geht-Leben mit dem Tumor".

Mvw/ cc 2020